새터민 이야기

개정판 1쇄 인쇄　2017년 3월 1일
개정판 1쇄 발행　2017년 3월 5일

지은이　한경아
그린이　신나경

펴낸곳　도서출판 거인
발행인　박형준
책임편집　안성철
디자인　박윤선
마케팅　이희경 김경진
등록번호　제 2002-000121호
주　소　서울시 마포구 상수동 와우산로48 로하스타워 803호
전　화　02-715-6857, 6859 | 02-715-6858(팩스)

ISBN　978-89-6379-082-4　73810
e-mail　rjdis2002@hanmail.net

새터민 이야기

나는 대한민국 국민입니다

글·한경아 그림·신나경

거인

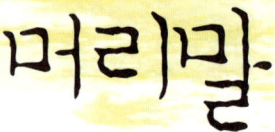

머리말

　지독한 굶주림을 견디지 못해 북한을 탈출하는 사람들이 많아지고 있어요. 그들의 꿈은 대한민국 국민이 되는 것이에요. 우리는 아무런 노력없이 대한민국 국민이 되었는데, 그들은 목숨을 걸어야만 대한민국 국민이 될 수 있는 거죠.

　빗발치는 총알을 뚫고 자유와 행복을 찾아 머나먼 한국 땅에 온 그들에게 우리는 어떻게 해야 할까요?

　당연히 두 팔 벌려 환영해 줘야겠죠. 그리고 그들이 행복하게 살 수 있도록 보살펴 주고 사랑해 줘야 해요. 그들은 새로운 터전에서 살고 싶다는 꿈 하나로 목숨을 걸고 탈출한 새터민이니까요. 그리고 우리의 형제이니까요.

　하지만 어쩐 일인지 우리는 그들을 사랑하려고 하지 않아요. 북한에서 태어났다는 이유만으로 무시하고 따돌리기도 해요. 고향이 북한인 것은 그들의 잘못이 아닌데도 말이죠. 한국에서 태어나지 않았다고 해서 부끄러울 일도 아니잖아요. 자신이 원하는 곳에서 태어나는

사람은 단 한 명도 없으니까요.

　북한 사투리가 낯설고 어색해도 놀려서는 안 된다는 뜻이에요. 우리도 태어난 고장에 따라 각각 사용하는 사투리가 다르잖아요. 그거랑 똑같은 거랍니다.

　그러니 이제부터 새터민 친구가 있다면 먼저 손을 내밀어 주세요. 휴전선 넘어 대한민국에서 살고 있는 여러분을 찾아 먼 곳을 돌아온 소중한 친구이니까요.

　여러분이 건넨 따뜻한 말 한마디가 그들에게 행복을 선물해 줄 수 있답니다. 목숨을 걸고 탈출한 용기있는 친구에게 행복을 주는 사람이 될 수 있다면, 정말 멋진 일 아닐까요.

　여러분 한 명, 한 명이 새터민 친구들의 손을 잡고 친구가 되어 준다면 우리의 오랜 소원인 평화 통일도 이루어질 거예요. 여러분이 곧 통일을 이루는 주인공이 되는 것이랍니다.

목차

 1장 언젠가 통일이 되면 · 8

 2장 국경을 넘어 남쪽으로 · 19

 3장 절망 뒤에 찾아온 희망 · 35

 4장 꿈에 그리던 한국으로 · 49

 5장 행복은 어디에 있는 걸까? · 61

6장 하나가 될 수 없는 남과 북 · 75

7장 내 이름은 한건 · 88

8장 왜 통일이 되야 하는 거야 · 99

9장 아빠가 준 위대한 선물, 대한민국 · 111

10장 나비의 꿈 · 125

* 이 책에 나오는 대한민국, 한국이란 국명은 남조선이라는 북한 말을 대신하였다.

1장
언젠가 통일이 되면

    나는 칡뿌리를 캐기 위해 산속을 헤매다, 보라색 나비 한 마리를 보았다. 날개를 펄럭일 때마다 반짝반짝 빛나는 보석 가루가 떨어지는 것 같았다. 그 모습이 어찌나 아름다웠던지 꼬르륵거리며 요란한 소리를 내던 뱃속 거지도 그 순간만큼은 조용해졌다.

    나비는 사뿐사뿐 날아올라 노란 개나리 위에 살포시 앉았다. 그러고는 마치 '나를 잡아 주세요.' 라고 말하는 것처럼 움직이지 않았다. 나는 도둑고양이처럼 살금살금 다가가 나비의 날개를 잡았다. 내 손가락이 날개에 닿자 나비는 작은 날개를 파르르

떨며, 벗어나려고 발버둥 쳤다. 그 작은 떨림이 내 손가락 끝으로 전해졌다. 이번에는 '나를 놓아 주세요.' 라고 말하는 것만 같았다.

나는 재빨리 손가락에 힘을 빼고 나비를 놓아 주었다. 날개가 찢어지면 큰일날 테니 말이다. 그러자 이번에는 나비가 내 머리 위를 빙글빙글 돌며 감사하다고 말하는 것 같았다. 그날 이후로 내 머릿속에는 그 나비가 맴돌았다.

그러던 어느 날이었다. 아버지는 입술을 굳게 다물며 죽을 때 죽더라도 '북한을 떠나자.' 라고 말씀하셨다. 그 순간 머릿속에서 그때 보았던 나비가 떠올랐다.

'그래, 어쩌면 그 나비가 우리 가족을 지켜 줄 수호천사가 되어 줄지도 몰라.'

그날 이후로 나는 하루도 쉬지 않고 산에 올라갔다. 하지만 더 이상 나비는 보이지 않았다.

"오늘 밤부터 서서히 태풍이 몰려오고 있어. 사흘 뒤에는 비바람이 몰아쳐야 할 텐데……."

요즘은 태풍이 왔다 하면 나무가 뽑히고 집들이 떠내려가기 일쑤다. 아버지는 태풍이 오면 감시가 소홀할 것이라고 말씀하셨다. 북한을 빠져나가기에 안성맞춤이라는 뜻이다.

"건이 아버지, 꼭 험한 날씨에 가야겠어요? 건이를 보세요. 앙상하게 뼈만 남았는데 과연 저 몸으로 태풍을 헤쳐 나갈 수 있을지 걱정이에요."

어머니는 가지처럼 바짝 마른 내 몸을 위아래로 훑어보며 길게 한숨을 내쉬었다. 사실 앙상하게 마른 건 나뿐만이 아니다. 요즘 우리 가족은 거의 밥을 먹지 못한다. 부모님 모두 이른 새벽에 나가 늦은 밤까지 고된 노동을 하지만, 하루 품삯은 고작해야 밀가루 한 봉지가 전부이다. 양파를 넣고 끓인 멀건 물에 밀가루를 뜯어 넣은 수제비만 먹으니, 살이 붙을 리 없었다. 솔직히 말하면 따사로운 숲길을 걷는 것도 힘에 부칠 만큼 나는 지쳐 있었다.

"조선노동당원에게 발각되면 그 자리에서 총살인 거 몰라.

살아남으려면 폭우쯤은 이겨 내야 해. 건이 너도 잘 들어라. 북한만 무사히 빠져나가면 한국에 갈 수 있어. 그러니까 뒤 돌아 보지 말고 그저 앞만 보고 달려가야 해. 혹여 아빠나 엄마가 보이지 않아도 말이야."

약속한 날이 다가올수록 아버지는 불길한 얘기만 하셨다. 나는 아버지가 나쁜 일을 상상하지 않았으면 좋겠다. 하지만 그것이 현실이라는 것을 누구보다 잘 알기 때문에 말없이 고개를 끄덕일 수밖에 없었다. 탈북이란 목숨을 걸었을 때 비로소 실행에 옮길 수 있는 일이다.

죽을 각오가 되어 있지 않다면, 할 수 없는 일인 것이다.

아침이 되면 마을 어귀에는 탈북을 하려다 실패해서 죽은 사람들의 시체가 여기저기 쓰러져 있다. 총알이 머리를 뚫어 눈과 코가 없어진 시체도 있고, 팔과 다리가 잘려진 시체도 있다. 오가는 길에 그 모습을 볼 때면 절대로, 절대로 여기서 도망가지 말아야겠다는 생각을 하게 된다. 팔다리가 잘려 나가는 것보다는 차라리 밥을 굶는 게 나을 테니 말이다.

"그들이 노리는 게 바로 그것이야. 겁을 먹게 해서 아무것도 하지 못하게 하는 거야. 하지만 그렇게 살아서 뭐 하겠니. 하루를 살아도 인간답게, 행복하게 살아야 한단다."

아버지는 항상 입버릇처럼 말씀하셨다. 희망이 없는 인간은 살아 있어도 죽은 것과 같다고 말이다.

"저는 두렵지 않아요. 앞만 보고 있는 힘껏 달릴 거예요. 그러면 반드시 천국에 다다를 수 있을 거예요."

무서운 생각이 들 때면 나는 보라색 나비가 날아다니는 천국을 상상했다. 그곳에는 맛있는 음식이 넘쳐난다. 배불리 먹고 친구들과 땀을 뻘뻘 흘리며 있는 힘껏 뛰어다닌다. 아무리 뛰어도 전혀 힘이 들지 않는다. 밥을 잔뜩 먹었기 때문에 천하장사처럼 힘이 세진 것이다. 그런 상상을 하다 보면 온몸이 바들바들 떨릴 만큼 무섭지만, 용기를 낼 수 있었다. 설사 천국으로 가는 길에 죽는다 해도.

"엄마가 건이 너만도 못하구나."

어머니가 소매 깃으로 눈물을 닦으며 훌쩍거렸다. 두만강을 건너 중국으로 밀항했던 외삼촌네 식구들이 중국 공안(중국에서 '경찰'을 이르는 말)들에게 붙잡혀 북으로 강제로 돌려보내진 뒤로, 엄마는 탈북이라는 단어만 들어도 기절을 할 만큼 두려워한다. 끌려간 삼촌이 그 자리에서 총살당했기 때문이다. 흠씬 두

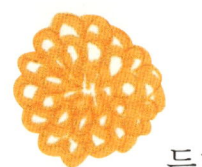

들겨 맞은 사촌형은 지금도 스스로 일어서지 못한다.

하루아침에 장애인이 된 것이다. 달리기가 반에서 제일 빨랐던 사촌형이 멍하니 앉아서 침을 질질 흘리고 있는 것을 보면, 무섭고 화가 난다. 나도 저렇게 될까 봐 두렵고, 형을 저렇게 만들어 놓은 놈들한테 복수해 주고 싶다.

"송이야, 송이야, 다음에 다시 태어나면 무엇으로 태어나고 싶니?"

송이는 내가 태어나고 이틀 뒤에 태어났다. 송이 어머니는 몸이 너무 약해서 송이를 낳자마자 바로 죽었다고 한다. 그래서 송이 아버지는 술만 마시면 '고깃국에 따뜻한 밥 한 그릇이라도 제대로 먹었더라면 죽지 않았을 텐데.' 라며 목 놓아 우신다. 그럴 때면 송이도 제 아버지의 팔을 붙들고 덩달아 소리 내어 운다.

태어나면서부터 불행했던 송이는 이듬해 소아마비를 앓고 말았다. 누군가의 부축이 없으면 제대로 걷지도 못한다. 그래서 우리 어머니는 제대로 나오지도 않는 젖을 나와 송이에게 번갈아 물렸다. 그래서일까? 나와 송이는 또래 아이들보다 훨씬 키가 작고 앙상하게 말랐다. 다른 아이들도 대부분 앙상하게 마르고 작

지만 그중에서도 우리는 유독 눈에 띌 만큼 작았다. 하지만 나는 송이가 있어서 무척 행복하다. 송이는 내게 둘도 없는 소중한 친구이자 사랑스러운 여동생이기 때문이다.

"나는 민들레로 태어나고 싶어. 민들레 씨가 되어서 봄바람을 타고 훨훨 날아다닐 거야. 그러다가 예쁜 꽃밭을 발견하면 그곳에 앉아서 노란 민들레꽃이 되는 거야. 건이 너는?"

"나는 나비가 되고 싶어. 나비처럼 하늘을 훨훨 날아서 한국으로 가고 싶거든."

"그러면 나도 바람을 타고 한국으로 날아가서 꽃을 피울게.

그럼, 네가 나비가 되어서 나를 찾아오면 되겠네."

나비는 세상에서 제일 멋진 곤충이다. 아니, 생명을 가진 것 중에서 가장 멋있다. 처음에는 징그럽고 못생긴 몸뚱이로 꿈틀꿈틀 기어 다니지만 그 시간을 견디면 아름다운 날개를 활짝 펴고 드넓은 하늘을 마음껏 날아다닐 수 있으니 말이다. 나비를 좋아하는 나에게 아버지는 가끔 말씀해 주곤 하셨다.

"너는 지금 애벌레야. 그래서 하늘을 날 수 없지만 네 안에는 멋진 날개가 숨겨져 있단다. 머지않아 멋진 날개를 활짝 펼칠 수 있는 시간이 올 거야. 그때는 푸른 하늘을 마음껏 날아다니렴."

아버지의 말씀처럼 나비가 되려면 이곳에서 도망쳐야 한다. 그 사실을 알고 있기에 울지 않고, 송이와 헤어지기 싫다고 떼를 쓰지도 않는다. 송이와 함께 가고 싶지만, 송이는 혼자 힘으로는 제대로 서 있지도 못한다. 눈 깜짝할 사이에 노동당원들의 총알받이가 될 것이다. 폐병 때문에 밭은기침을 달고 사는 송이 아버지 역시 탈북은 꿈도 못 꿀 일이다. 슬프지만 이곳에서 천천히 굶어 죽거나, 병들어 죽기를 기다리는 수밖에 없다.

"너한테 줄 선물이 있어."

송이가 주머니에서 작은 상자를 꺼내며 내게 내밀었다. 나는 눈을 동그랗게 뜨고 상자 뚜껑을 열어 보았다. 상자 안에는 작은 배추흰나비 한 마리가 들어 있었다.

"보라색 나비를 주고 싶었는데, 내 눈에는 보이지 않던걸. 건이 네 말대로 아무한테나 보이는 나비가 아닌가 봐."

송이가 입술을 뾰로통하게 내밀면서 새침한 표정을 지었다.

"아마도 이 나비는 마음껏 하늘을 날아다녔을 거야. 그러니까 이 나비 건이 너 가져. 나비의 영혼이 너를 지켜 줄 거야."

송이의 자그마한 눈에 눈물이 가득 고였다. 머지않아 내가 이곳을 떠날지도 모른다는 걸 예감하는 것 같았다.

"송이야, 우리 꼭 다시 만나자. 반드시 언젠가는 다시 만날 수 있을 거야."

 혼자 남겨질 송이를 생각하니 가슴이 너무 아팠다. 어쩌면 오늘밤이 지나면 영원히 송이를 못 볼지도 모른다. 탈북에 성공한다해도 서로 살아갈 땅이 남북으로 갈라져 있으니까. 실패한다면 그 자리에서 총살을 당할 테니까.

 나는 송이가 준 나비 상자를 주머니에 넣었다. 그리고 송이를 꼭 안아 주었다. 친구로서, 오빠로서 내가 얼마나 송이를 사랑하고 있는지 전해 주고 싶었다.

 '북한과 한국은 한민족이라고 했어. 언젠가 통일이 되면 그때 꼭 다시 만나자 송이야.'

2장
국경을 넘어 남쪽으로

하늘에 구멍이라도 뚫린 듯 무섭게 빗줄기가 쏟아지고 있었다. 달도 구름 뒤로 꼭꼭 숨어 버렸다. 한 치 앞도 보이지 않을 만큼 깜깜해서 우리 가족이 두만강을 향해 부지런히 달려가고 있다는 것을 눈치 챌 사람은 없었다. 행여 길에서 누군가를 만난다 해도 거센 폭우에 제 한 몸 가누지도 못하니, 특별히 걱정할 필요가 없었다.

아버지의 말씀처럼 태풍이 몰아칠 때가 조선노동당원을 속이기에는 가장 좋은 날이었다. 하지만 폭우 때문에 목적지까지 가는 데 시간도 훨씬 많이 걸렸고, 여간 힘든 것이 아니었다. 바닥

은 온통 늪지대였다. 발이 빠지면, 아버지가 달려와서 나를 꺼내 줘야 했다. 그러다가 아버지와 몸이 뒤엉켜 넘어지기도 했다. 그럴 때면 어머니가 달려와서 내 얼굴에 묻은 진흙을 자신의 젖은 소매로 닦아 주었다.

돌부리에 걸려 넘어지고, 수렁에 빠지고, 천둥번개에 놀라도 나는 참을 수 있었다. 굵은 빗줄기가 온몸을 뚫어 버릴 것처럼 거세게 쏟아졌지만, 이 정도쯤은 충분히 이겨 낼 수 있었다. 세상에서 가장 끔찍한 총소리가 들리지 않았으니 말이다.

총알은 피할 수도 없고, 툴툴 털어 버릴 수 있는 것도 아니다. 총알에 맞으면 영원히 눈을 뜰 수 없게 된다. 사랑하는 부모님의 얼굴도 볼 수 없을 뿐더러 아버지가 간절히 바라던 한국 땅을 밟아 볼 수도 없다. 나와 우리 가족은 세상에서 그것이 가장 두렵다.

해가 밝아 오자 우리는 야트막한 동굴로 들어가 밤새 지친 몸을 눕혔다. 내 발바닥엔 물집이 군데군데 잡혀 있었고, 어머니는 바늘과 실을 이용해 물집을 없애 주셨다. 바늘이 살을 찌를 때마다 따가웠지만 걸음을 옮길 때마다 쑤셔 대던 아픈 통증보다는 덜 했다.

어머니와 아버지는 교대로 보초를 섰다. 나도 부모님을 도와 보초를 서려고 했지만 팔다리가 쑤시고 아파서 견딜 수가 없었다. 두 눈을 부릅뜨려고 해도 저절로 눈이 감겨 버렸던 것이다.

이윽고 해가 저물었다. 우리는 동굴 밖을 나와 다시금 두만강을 향해 걸었다. 낮과 밤이 바뀌었으니, 마치 박쥐 가족 같았다.

다행히 비는 몇날 며칠이 지나도 그치지 않고 내렸다. 때문에 이곳저곳에서 산사태가 났다. 한 시간이면 갈 수 있는 길을 몇 시간씩 돌아가야 했으니, 앙상한 내 다리가 버텨 줄 리 없었다. 오른쪽 발목이 시큰거리더니 이내 통통 붓기 시작했다. 보다 못한 아버지가 나를 업었다.

"사내 녀석이 종잇장처럼 가벼우니……. 조금만 기다려라. 한국에 가면 배불리 먹을 수 있어."

아버지는 손으로 자꾸만 얼굴을 닦았다. 아마도 빗물에 섞인 눈물을 닦는 것 같았다.

"죄송해요. 조금 있다 제가 다시 걸을게요."

아버지의 등뼈가 그 어느 때보다 심하게 튀어나온 것처럼 느껴졌다. 늘 씩씩하게 말씀하시지만 아버지 역시 조금씩 야위어 가고 있는 것이다.

이 비가 그칠 때쯤 우리 가족의 운명은 어떻게 되어 있을까? 무사히 두만강을 건널 수 있을까? 중국 공안들에게 잡혀, 힘들게 걸었던 이 길을 다시 되돌아가야 하는 것은 아닐까?

생각만 해도 온몸에 좁쌀 크기의 소름이 돋았다.

"아빠, 한국은 어떤 곳이에요? 한국 사람들이 우리를 받아 줄까요?"

"글쎄다, 한국은 과연 어떤 곳일까? 6.25전쟁 이후로 오랫동안 떨어져 살았지만 그보다 더 오랜 시간을 한민족으로 살았으니, 형제 아니겠니? 허나 그들이 우리를 받아 주지 않는다면 할 수 없지. 그런다고 해서 그들을 원망할 수는 없는 노릇이니까. 받아 주기를 간절히 바랄 뿐이지."

아버지의 숨소리가 거칠었다.

"이제 내릴게요. 잠시 쉬었더니 발목이 안 아픈 것 같아요."

"조금 더 있으렴."

아버지는 자신보다 가족을 먼저 배려하신다. 먹을 것이 생기면 한걸음에 달려와 나와 어머니에게 건네 주신다. 자신은 배가 부르다고 거짓말을 하지만, 꼬르륵거리는 소리 때문에 금방 들통이 나고 만다. 가끔 술을 드시면 목 놓아 울기도 하신다. 희망이 없기 때문에 슬픈 것이란다.

희망이 대체 무엇이기에 아버지가 저리도 서럽게 우는 것일까. 한 해 두 해 나이를 먹으면서 나도 희망이 무엇인지 알게 되었다. 간절히 바라는 것이 희망이라는 것을. 내 희망은 사람들이 죽지 않는 것이다. 북한에서는 너무 쉽게 사람들이 죽는다. 총에 맞아 죽고, 구둣발에 밟혀 죽고, 배가 고파서 죽고, 병이 들어서 죽고……. 머지않아 송이 아버지도 죽을 것이다. 동네 사람들 애기로는 송이도 스무 살을 넘기지 못할 것이라고 했다. 그들이 북한이 아닌 한국에서 태어났더라면…….

나는 반드시 한국으로 건너갈 것이다. 그리고 그들에게 간곡히 부탁할 것이다. 송이를 살려 달라고, 송이 아버지를 살려 달라고. 더불어 이곳에서 가엾게 죽어 가는 모든 이들을 살려 달라고.

사흘 밤을 꼬박 걸어 두만강에 도착했다. 우리를 중국까지 데려다 줄 배는 아직 도착하지 않았다. 부모님이 하시는 대화를 얼핏 들어 보니 태풍이 지나간 뒤에는 두만강과 압록강의 경비도 소홀하다고 한다. 대다수의 군인들이 폭우로 인해 침수되고 부서진 곳을 정비하기 때문이다.

"물살이 거세서 그런가, 배 시간이 약속보다 늦어지는 것 같아. 크게 걱정할 일은 아닐 테니까 두 사람은 잠시 눈 좀 붙여. 이제부터 진짜 힘들어질 테니까."

아버지가 초조한 듯 아랫입술을 깨물었다. 아버지 말씀대로 이제부터가 진짜 힘든 시간이 될 것이다. 비바람은 잠잠해졌지만 태풍이 몰아쳤던 끝이라 두만강의 수위가 높아졌고 물살도 성난 들짐승처럼 으르렁거렸다. 이 와중에 군인에게라도 잡힌다면 목숨을 보장할 수 없다.

우리를 태우러 온 배는 굉장히 작았다. 배라기보다는 뗏목에 가까웠다. 물살이 일렁일 때마다 배가 뒤집힐 것 같았다. 그럴 때마다 속이 울렁거렸다. 오랫동안 굶어서 그런지 구렁이가 뱃속을 기어 다니는 것 같아 계속해서 토가 나왔다. 시큼하고 노란 물이 쏟아져 나왔다. 속이 너무 쓰라리고 아팠다.

"너는 올해로 몇 살이니?"

턱수염이 덥수룩한 뱃사공 아저씨는 표정이 없었다. 그래서 굉장히 화가 난 사람 같아 보였다. 꽉 다문 입술 역시 좀처럼 벌어지지 않았다. 그런 아저씨가 어렵사리 꺼낸 질문이라서, 나는 있는 힘을 다해 목소리를 쥐어 짜 냈다.

"아홉 살이에요."

"소년단에 가입할 나이군."

"그래서 더더욱 북한을 떠나야 해요."

아버지가 나를 대신해 아저씨와 대화를 이어 나갔다.

"갈 길도 먼데 내 얘기나 한 번 들어 보겠소?"

아저씨의 눈가에 눈물방울이 맺혔다. 두만강도 아저씨의 슬픈 사연을 듣고 싶었는지, 출렁이던 물살이 잠잠해졌다.

"아들 녀석이 있었는데 인민학교(초등학교)에서 공부를 제일 잘했지요. 여느 아이들처럼 소년단을 거쳐 김일성사회주의청년동맹에 가입했었죠. 조선노동당원이 되는 것이 꿈이었어요. 하지만 아들보다 두 살 위인 딸아이는 녀석과 달리 한국을 동경했답니다."

북한을 찬양하는 아들과 한국을 동경하는 딸, 두 사람의 관계는 말하지 않아도 불 보듯 뻔했을 테다. 서로 입만 열면 싸우고, 서로를 죽일 듯이 미워했을 것이다.

"끔찍했겠군요. 한 지붕에서 살고 있는 남매가 서로에게 칼을 겨누고 있었을 테니까요. 사실 그 댁만의 슬픔이 아니죠. 휴

전선을 사이에 두고 서로에게 총부리를 겨누고 있는 것이 우리의 현실이니까요."

학교에서는 친구가 친구의 사상을 감시한다. 한국의 드라마를 보았거나, 한국 가수의 노래를 흥얼거리면 다음 날 귀신같이 몰려온 조선노동당원들에게 붙들려 간다. 누가 일렀는지 짐작조차 할 수 없다. 그래서 늘 입조심을 해야 한다.

"딸이 남모르게 탈북을 준비하고 있었어요. 그 사실을 제 동생에게 들켜 버린 거죠. 아들은 나에게 상의조차 하지 않고 제 누이를 조선노동당에 신고했습니다."

아저씨의 얼굴이 점점 더 어두워졌고 일그러졌다. 아버지와 나는 묵묵히 다음 이야기를 기다렸다.

"지독한 고문을 받다가 딸아이가 죽고 말았습니다. 시신을 보았는데 손톱과 발톱이 몽땅 빠져 있더군요. 온몸에는 구렁이가 지나간 것처럼 시퍼런 멍 자국이 있었어요. 얼마나 무섭고 또 고통스러웠을까요."

아저씨가 주먹을 불끈 쥐며, 배의 바닥을 있는 힘껏 내리쳤다. 작은 배가 기우뚱거릴 만큼 센 주먹이었다.

"참혹하게 죽은 누이의 시신 앞에서 아들은 울부짖었습니다.

그리고 조금씩 미쳐 가기 시작하더군요. 왜 안 그렇겠습니까. 제 누이를 죽였는데 말이죠."

 아버지와 나는 아저씨를 따라 울었다. 불안한 표정으로 주위를 두리번거리고 있던 엄마도 훌쩍거렸다. 그러더니 제일 서럽게 울기 시작했다. 아마도 죽은 삼촌을 생각하는 것 같았다.

 "아들이 제 손으로 삶을 놓았습니다. 처음에는 저도 따라 죽으려고 했습니다. 하지만 무의미하게 죽고 싶지는 않더군요. 그래서 이 일을 시작하게 되었어요. 사람들이 살아서 북한을 빠져 나갈 수 있도록 도와 주는 일 말입니다."

 "그러지 말고 우리와 같이 갑시다. 희망도 없는 북한 땅에서 하루하루 죽어간다는 것은 너무 억울하지 않소."

 아버지가 아저씨의 손목을 덥석 잡았다. 아저씨는 대답 없이 엷은 미소를 지었다. 그 모습이 내가 본 처음이자 마지막 웃음이었다.

'탕탕탕!'

강을 두 동강 낼 만큼 요란한 총소리가 들렸다. 총부리가 향하고 있는 곳은 다름 아닌 우리의 배였다. 어머니와 아버지의 얼굴이 백지장처럼 새하얗게 변했다. 그때 아저씨가 침착한 목소리로 말했다.

"건이는 나무 상자 속에 숨어 있도록 해. 밖에서 무슨 일이 벌어져도 절대 나와서는 안 돼. 그리고 두 분은 처음에 일러 드린 것처럼 행동하세요. 건이 아버지는 낚시 바늘에 걸린 물고기를 빼는 시늉을 하세요. 건이 어머니는 끊어진 그물을 엮고 계세요. 우리는 끼니가 없어서 물고기라도 잡으려고 나온 사람들입니다."

아저씨가 검문에 걸릴 때를 대비해 준비해 놓은 것들을 꺼내 놓았다. 나는 다리가 후들후들 떨려서 몇 번이나 넘어진 뒤에야 가까스로 상자 속에 들어갈 수 있었다.

이윽고 총을 든 군인들이 우리 배로 거칠게 뛰어내렸다. 둔탁

한 군화 소리가 들릴 때마다 심장이 몸 밖으로 튀어나올 것만 같았다.

"태풍 때문에 고생이 많으십니다. 홍수에 옥수수와 감자가 다 떠내려갔어요. 겨우 그물 하나 건져서 이렇게 나왔습니다."

아저씨가 군인들에게 머리를 조아리며 지금까지 듣지 못했던 상냥한 목소리로 말했다.

그 모습이 너무나도 슬퍼 보였다. 우리 가족을 무사히 탈출시키겠다는 마음 하나로 아들과 딸을 잃은 아버지의 슬픔을 억누르고 있으니 말이다.

"너나 할 것 없이 탈출을 하고 있으니, 전부 다 반동분자처럼 보여."

"죽기를 자처하지 않았다면 태풍이 몰아치는 날 강을 건너겠어? 두만강 근처에도 못 가고 죽을 텐데 말이야. 자네가 요즘 너무 예민해졌어."

나무 상자의 틈 사이로 보니, 부모님과 아저씨를 향해 겨누고 있던 총부리가 땅으로 내려갔다. 군인들이 우리의 계획을 눈치채지 못한 것 같았다. 빨리 자신들의 배로 돌아가면 좋으련만, 군인들은 군화발로 이것저것을 툭툭 찼다.

 그러다 군인 한 명이 내가 숨어 있는 상자로 한 걸음, 한 걸음 다가왔다. 무서워서 심장이 터져 버릴 것 같았다. 만일 내가 숨어 있는 상자를 발로 찬다면, 상자가 쓰러지면서 내가 밖으로 튀어나갈 것이다. 그렇게 되면 우리는 이 자리에서 모두 총살당한다.
 태풍이 휩쓸고 간 지금, 어린 아이를 데리고 물고기를 잡지는 않을 테니 말이다. 어린 아이가 숨어 있다는 것은 우리가 탈북을 계획하고 있다는 뜻이다. 반동분자를 의미하는 것이다. 나 때문

에 부모님이랑 아저씨가 죽게 될지도 모른다고 생각하니, 괜히 부모님을 따라왔다는 생각이 들었다.

'차라리 송이와 함께 굶어 죽는 게 나았을지도 몰라.'

나는 내 자신을 원망하며 아랫입술을 있는 힘껏 깨물었다. 숨소리가 밖으로 새어 나갈 수 없도록.

"싱싱한 녀석으로 몇 마리 담으시오."

군인들은 배가 고팠던지, 자신의 배를 위아래로 문질렀다. 그러고는 내가 숨어 있던 작은 상자로 향하던 발걸음을 멈추고 팔딱팔딱 뛰는 물고기로 향했다. 고작해야 대여섯 마리가 전부인데, 그걸 빼앗아 가려는 모양이다. 왠지 내 신세가 물고기처럼 처량해 보였다.

자유롭게 헤엄쳐 다닐 자유를 빼앗긴 물고기, 아직은 숨이 붙어 있지만 머지않아 갈가리 찢겨 죽게 될 물고기…….

그때였다. 은빛 물고기 한 마리가 군인의 손에서 미끄러지듯 빠져나가 거짓말처럼 하늘 높이 뛰어 올랐다. 그러고는 몸을 뒤틀기 시작했다. 착지할 곳을 배가 아닌 두만강으로 결정한 것처럼 말이다.

햇빛이 물고기 등으로 쏟아지면서 은빛 비늘이 눈부시도록 아름답게 빛났다. 아주 잠깐의 순간이었지만 찬란한 빛에 눈이 멀 것만 같았다. 이윽고 '찰싹' 소리와 함께 물고기가 강물로 떨어졌다. 할 수만 있다면 당장 상자 밖으로 나가 유유히 헤엄치고 있는 물고기에게 힘껏 손을 흔들어 주고 싶었다.

'잘했어. 정말 잘했어. 앞으로는 아무한테도 잡히지 말고 강을 마음껏 헤엄치는 거야.'

3장
절망 뒤에 찾아온 희망

"신분증을 만들면 취직이 될 줄 알았는데 생각보다 훨씬 어렵군."

아버지가 긴 한숨을 내쉬었다.

"중국 말을 모르니 어쩔 수 없죠."

중국에 온 지도 벌써 두 달이 지났다. 가짜로 신분증을 만들고 어렵사리 살 집도 구했지만 하루하루가 가시방석이었다. 공안들에게 잡히는 순간 강제로 북한에 끌려가기 때문이다. 예전에는 공안들의 감시가 느슨했었다. 하지만 요즘은 탈북자가 워낙에 많아서 북한과 중국 모두 골칫거리라고 한다. 탈북자가 많다

는 것은 북한에서 살기가 싫다는 뜻이다.

그런데 북한에서는 이 사실을 인정하려고 하지 않는다. 그러니 우리가 골칫거리인 것이다. 중국도 마찬가지다. 탈북자가 가짜로 신분증을 만들고 일을 하는 건 불법이다. 그러니 우리를 잡기 위해 혈안이 된 것이다. 반대로 한국은 탈북자 문제에 별로 관심이 없다고 한다. 그 사실을 알고 나서 아빠의 얼굴색이 새하얗게 질렸다. 한국에서 우리를 받아 주지 않으면 갈 곳이 없기 때문이다.

다행히 우리를 가엾게 생각해 주는 한국 사람들이 있었다. 그들은 공안들에게 붙잡혀 북한으로 끌려가야 할 탈북자들을 위해 중국을 설득하고 있다.

"북한에서 살 때보다는 여기가 낫잖아요. 언제 죽을지 모르는 파리 목숨이지만 당신 말대로 희망이 생겼잖아요."

어머니가 아버지를 위로했다. 솔직히 나도 북한에서 사는 것보다 중국이 훨씬 좋다. 중국말을 잘 모르고, 송이도 볼 수 없지만 한국과 더 가까워졌기 때문이다. 거리에 나가면 먹을 것도 무척 많다. 돈이 없어서 먹을 수는 없지만, 달콤한 음식 냄새를 마음껏 맡는 것만으로도 즐겁다. 그래서 나는 콧구멍이라도 맛있는 것을 실컷 먹을 수 있도록 시장 통을 돌아다닌다. 물론 공안처럼 보이는 사람들이 오면 재빨리 골목으로 도망친다. 갑자기 나한테 말을 시키면, 우물쭈물하는 사이에 탈북자라는 사실을 들킬지도 모를 테니 말이다.

하루 종일 거리를 쏘다닌 덕분에 이제는 중국 말이 들리기 시작했다. 어렴풋하지만 무슨 말을 하는지 대충은 알아들을 수 있게 되었다. 학교에 다닐 수 없었던 나는 귀동냥으로 중국어를 배우기로 결심했다.

아버지가 집에 안 들어온 지도 닷새가 지났다. 아버지는 요즘 막노동판에서 벽돌 나르는 일을 하는데, 공사 현장으로 공안들이 들이닥쳤다고 한다. 그리고 일하는 사람들 모두를 차에 태우고 어딘가로 사라졌다. 중국인은 풀려났지만 탈북자는 여전히 그곳에 갇혀 있다고 한다.

중국에서 살고 있는 탈북자들을 도와주는 한국인 아저씨가 가르쳐 준 사실이다.

아저씨의 직업은 신부님이라고 한다. 잠시 들린 중국에서 어느 탈북자 가족을 만났고, 그들이 처참하게 죽어 가는 모습을 본 뒤부터 탈북자들이 한국으로 갈 수 있도록 도와 주고 있는 것이다. 이것 역시 불법이라서 잡히면 감옥에 가야 한다.

"신부님, 감옥에 갇히는 것이 무섭지 않으세요?"

"무섭지만 내 도움이 필요한 사람을 모른 척하고 살아가는 것이 더 두렵단다."

언젠가 신부님께 우리와 같은 탈북자를 돕는 이유를 여쭤 봤었다. 그분의 말뜻을 정확히 이해할 수는 없었지만 가슴이 따뜻해지는 것을 느꼈다. 중국에 와서 만난 한국 사람들은 대다수가 친절하다. 진심으로 우리를 걱정해 준다. 우리를 위해 대신 싸워 주기도 한다.

그랬던 신부님이 아버지가 행방불명된 지 보름째 되던 날에 혼비백산이 되어 우리 집으로 달려온 것이다.

"중국 정부에서 사냥하듯 탈북자들을 잡고 있어요. 좀 더 안전한 곳으로 옮기세요."

"건이 아빠가 잡혀 갔잖아요. 여기서 기다려야 해요. 이대로

"헤어졌다가 영영 못 만나면 정말로 어떻게 해요."

"제가 알아 봤는데 북으로 이송될 탈북자 명단에 건이 아버지가 없었어요. 아마도 잡히는 과정에서 도망친 것 같아요. 그러니까 무사히 돌아올 것이라고 믿고, 기다려 봐요."

우중충한 잿빛처럼 어두웠던 어머니의 얼굴이 잠시 밝아졌다.

"도대체 우리가 뭘 그리 잘못했어요? 왜 이렇게 고통스럽게 살아야 하는 거죠?"

엄마는 신부님의 소맷자락을 부여잡고 엉엉 소리 내어 울었다. 나도 덩달아 소리 내어 울었다.

'우당탕탕!'

집 밖에서 천둥번개가 치는 것처럼 요란한 소리가 들렸다. 공안들이 이곳까지 들이닥친 것이다. 어머니의 입술이 새파랗게 질렸다. 늘 평온했던 신부님도 두려움에 떨고 있었다.

"제가 공안들을 따돌릴 테니까 그 사이에 도망가세요."

신부님이 어머니를 대신해 우리의 옷가지를 허둥지둥 가방에 담았다.

"그러다가 신부님이 잡히시면 어떡해요?"

"걱정 마세요. 잡혀도 저는 금방 빠져나올 수 있을 겁니다. 어서 건이를 데리고 이곳에서 도망치세요. 건이 아버지도 제가 꼭 찾아 볼게요."

"감사해요. 정말 감사해요. 이 은혜는 평생 동안 하루도 잊지 않을게요."

어머니는 돌아오지 않은 아버지와 홀로 남겨질 신부님이 걱정

되어 선뜻 발걸음을 옮기지 못했다. 하지만 이대로 있다가는 공안들에게 잡히고 만다. 어쩔 수 없이 그곳을 떠나야 했다. 그때 문득 송이가 주었던 나비가 생각났다.

우리를 지켜 줄 나비. 나는 헐레벌떡 서랍 속에 넣어 두었던 나비 상자를 꺼냈다. 밖에서는 달아나는 탈북자들의 비명 소리와 그들을 잡기 위해 혈안이 된 공안들의 욕설이 끊이지 않았다. 엄마는 반쯤 넋이 나간 사람이 되어 내 손을 잡아당겼다. 그러다가 상자 속에 있던 나비가 밖으로 떨어지고 말았다. 그 위로 아버지의 짐이 후드득 쏟아졌다.

나는 어머니의 손을 뿌리치고 바닥에 나뒹그러져 있는 나비를 주었다.

한쪽 날개가 심하게 찢겨 있었다. 순간 심장이 '쿵' 하고 떨어지는 것만 같았다. 찢긴 나비의 날개가 꼭 우리의 운명처럼 느껴졌다. 나는 황급히 날개를 잃은 나비를 상자 속에 넣고, 엄마를 따라 그 집을 빠져나왔다. 그리고 죽을힘을 다해 달렸다. 공안들의 목소리가 들리지 않을 때까지 멈추지 않았다.

며칠이 지났을까? 그날 이후로 아무것도 먹지 못했다. 몇 시일까? 공사가 중단된 창고에 꼭꼭 숨어 있었으니 해가 뜨고 지는 것도 알 수 없었다. 어쩌면 이대로 죽을 수도 있을지 모른다는 생각이 들었다.

아버지는 어떻게 되셨을까?

신부님은 안전하실까?

어머니는 잠들 때를 빼고는 계속해 우신다. 그리고 처량 맞은 신세를 한탄한다. 왜 우리 가족은 북한에서 태어난 것일까? 도둑질을 한 적도 없고, 거짓말도 하지 않았는데, 우리 가족이 겪어야 하는 고통은 너무나 컸다.

"건아. 건아!"

그때였다. 철문을 두드리는 소리가 들렸다. 신부님의 목소리였다.

어머니는 황급히 일어나 녹슨 철문을 조심스럽게 열었다. 조금만 힘을 줘도 콘크리트가 '와르르' 무너질 것만 같았다.

"너무 늦게 와서 죄송해요."

신부님이 들고 있던 손전등 때문에 비로소 창고 안이 제대로 보이기 시작했다. 신부님의 얼굴이 온통 피범벅이 되어 있었다.

머리가 찢어진 것 같았다. 그리고 아버지의 모습이 보였다. 신부님이 아버지를 부축하고 있었던 것이다.

"아빠. 괜찮으세요?"

나도 모르게 눈물이 왈칵 쏟아졌다. 그사이 아버지는 무척 야위어 있었다.

"걱정했지. 난 괜찮아."

아버지가 나와 어머니를 와락 끌어안았다. 그런데 이상했다. 아버지의 목소리가 평소와 달랐다.

"여보. 왜 그래요. 다쳤어요?"

어머니가 아버지의 손을 밀쳐 내고, 위아래로 훑어보았다. 그리고 낮은 비명을 질렀다.

"왜 이래요! 다리가 왜 이런 거예요?"

코끼리처럼 퉁퉁 부은 아버지의 다리가 심하게 뒤틀려 있었다. 그 모습이 너무나 괴이하고 무서워서 나도 모르게 큰소리로 울었다. 아버지가 머지않아 죽을 것만 같았기 때문이다.

"탈출하기 위해 달리는 차에서 뛰어 내리셨대요. 뼈가 부러졌는데 그것도 모르고 도망 다녔으니 상처 부위가 심각하게 곪았어요."

신부님은 마치 자신이 아픈 것처럼 얼굴을 찡그렸다. 뼈가 부러졌는데도 그 사실을 몰랐다니……. 너무 무서워서 아픈 것도 몰랐을 것이다. 나도 그랬었다. 두만강에서 군인들을 피해 상자 속으로 들어갈 때 못에 찔렸었다. 하지만 그때는 내가 못에 찔렸다는 사실을 몰랐었다. 군인들에게 들킬까 봐 가슴이 조마조마해서 아픈 걸 몰랐던 것이다. 아버지도 그랬을 것을 생각하니 숨을 쉴 수 없을 만큼 가슴이 아팠다. 나도 모르게, 내 가슴을 주먹으로 '쾅쾅' 치면서 울었다. 아버지가 불쌍했고, 내가 불쌍했다. 얼굴이 피투성이가 된 신부님께 죄송했고, 사시나무처럼 떠는 어머니가 가여웠다.

"살아서 다시 만났으니 그것만으로도 감사할 일이야. 그러니 울지 마. 신부님이 진통제를 주셔서 이제 아프지 않아."

아버지가 창고에 비스듬히 누워 내 머리를 쓰다듬었다. 아버지의 얼굴이 고통으로 일그러졌지만 동시에 그 어느 때보다 편안해 보였다. 어머니와 나를 다시 볼 수 있게 된 것만으로도 감사해 하시는 것 같았다.

"의사를 데리고 올 테니 여기서 조금만 더 숨어 계세요. 그동안 먹을 것을 조금 준비했어요."

신부님이 물과 빵을 건네 주었다. 그리고 우리를 위해 하느님께 기도해 주셨다. 신부님을 만나지 못했다면 우리 가족은 벌써 죽었을지도 모른다. 나는 신부님이 말씀하시던 하느님이라는 분께 처음으로 기도를 했다. 아버지의 다리가 빨리 낫게 해 달라고, 부모님과 무사히 한국으로 갈 수 있게 도와 달라고, 신부님이 감옥에 가지 않게 해 달라고…….

중국에 온 지도 벌써 1년이 다 되어 간다. 그사이에 북한은 많이 변했다. 지도자가 김정일에서 김정은으로 바뀌었다. 아마도 그때부터 본격적인 탈북자 사냥이 시작된 것 같다. 권력을 지키기 위해 주민들을 때려잡는 지도자, 얼굴도 본 적 없던 탈북자를 대신해 싸워 주는 한국 사람들. 나는 점점 한국이 좋아지고 있다. 아버지가 왜 한국을 희망의 나라라고 말했는지 알 것 같다.

한국에 가면 제일 먼저 아버지의 다리를 고치고 싶다. 아버지는 제대로 된 치료를 받지 못해서 걸을 때마다 심하게 다리를 절룩거린다. 날씨가 우중충하면 다리가 쑤셔서 전혀 꼼짝도 하지 못한다.

그래서 요즘 우리 집 생계를 책임지는 가장은 어머니다. 어머니는 한국인이 운영하는 큰 음식점에서 설거지를 한다. 식당 주인은 어머니에게 먹을거리를 챙겨 주고, 아버지를 위해 종종 약도 선물해 준다.

신부님은 여전히 탈북자들을 위해 일하신다. 수차례 감옥에 갇혔지만, 그때마다 한국 사람들이 시위를 해서 풀려나셨다. 중국 정부가 더 이상 봐 주지 않겠다고 으름장을 놓았다고 한다. 하지만 신부님은 전혀 기죽지 않았다. 불행한 친구를 모른 척하는 게 더 큰 잘못이라고 말씀하셨다. 신부님처럼 좋은 분을 만난 건 우리 가족에게는 큰 행운이었다. 수호천사, 송이가 준 나비가 우리 가족을 지켜 주는 것만 같았다.

한국은 어떤 나라일까? 신부님처럼 따뜻한 나라일 것이다. 보라색 나비가 훨훨 날아다니는 천국일 것이다. 나는 하루빨리 한국에 갈 수 있게 해 달라고 하느님께 기도를 드렸다.

하루하루 야위어 가는 아버지가 새 희망을 찾길 간절히 바라면서.

4장
꿈에 그리던 한국으로

"기쁜 소식이에요. 한국 정부에서 탈북자를 받아 주기로 했습니다. 건이네 가족도 명단에 올라 있으니, 꿈에 그리던 한국에 가실 수 있어요."

신부님이 어린 아이처럼 깡충깡충 뛰어왔다. 우리 일을 자신의 일보다 더 기뻐하고 있었다.

"고마워요. 신부님이 안 계셨더라면 우리 가족은 이미 북한으로 끌려갔을 거예요. 정말 감사해요."

아버지가 신부님을 얼싸안고 눈물을 흘렸다. 일주일 뒤에 비행기를 타고 갈 예정이었다. 비행기라는 것을 타면 나비처럼 하늘을 날 수 있다고 한다. 꿈을 꾸는 것만 같았다.

"한국행이 결정됐으니, 한국에 대해 설명해 드릴게요. 한국은 여러분들이 생각하는 것처럼 아주 행복한 것만 있는 곳이 아니에요."

신부님의 얼굴에서 웃음이 사라졌다. 비장한 기운까지 감돌았다.

"그게 무슨 뜻이에요?"

나는 궁금증을 참을 수 없었다. 꿈에 그리던 한국이 행복한 곳이 아니라니, 도무지 이해할 수가 없었다.

"죄송한 말씀이지만 한국 사람들은 탈북자에게 관대하지 않아요. 뭐랄까, 쉽게 말해서 무시하려는 경향이 있어요."

신부님의 얼굴이 붉어졌다.

"신부님은 저희를 무시하지 않으시잖아요."

아버지가 반문했다.

"네, 저는 여러분이 제 형제라고 믿습니다. 물론 이곳에서 여러분들을 돕는 사람들 역시 그렇게 생각합니다. 하지만 한국 사회는 부자가 가난한 사람을 무시하는 경향이 짙어요. 그것이 바로 자본주의 사회의 문제점이죠. 북한과 달리 한국에는 눈에 보이지 않는 계급이 존재하거든요. 그 계급을 결정하는 것이 바로 돈인 거죠."

"지긋지긋한 가난 때문에 북한에서 도망친 우리가 돈이 있을 리 없죠. 그래서 무시당한다는 거군요. 짐작은 했습니다. 한국 사람들에게 북한 사람들은 적일 테니까요."

아버지의 얼굴에 먹구름이 가득했다.

"남북 관계에 민감한 사람들은 북한이 자극적인 행동을 할 때마다 탈북자를 몰아세우기도 해요. 또 조국을 배신했으니 쉽게 사람을 배신할 수 있다고 단정 짓기도 해요."

"그건 말도 안 되는 소립니다. 우리는 조국을 배신한 사람들이 아니에요. 먹고살기 위해 도망친 것뿐입니다. 배신을 하다니요, 당치 않는 소리예요."

아버지와 어머니가 서로 입을 맞추기라도 한 것처럼 동시에 손사래를 치며 말했다. 배신자라니, 터무니없는 소리였기 때문이다.

"알아요. 다만 그렇게 생각하는 사람들이 있다는 거죠. 어리석은 사람들이지만 그 피해가 여러분에게 돌아가니 걱정스러워요. 누가 뭐라고 해도 상처받지 마시고 지금처럼 자신의 삶을 사

랑하세요. 삶의 주인은 언제나 자기 자신입니다. 그 사실을 잊지 마세요."

 한국은 두 눈이 휘둥그레질 만큼 근사했다. 거리에는 높은 빌딩과 푸른 나무가 가득했다. 번쩍번쩍 빛나는 자동차가 거리를 누볐고, 사람들은 영화배우처럼 멋있었다. 가장 신기했던 것은 사람들의 표정이었다. 대다수의 사람들이 행복하게 웃고 있었다. 저마다 스마트폰이라고 하는 것을 주머니에 넣고 다니며 멀리 있는 친구들과 자유롭게 대화를 주고받는 것도 신기했다.

또 한 가지 새로운 사실을 알았다. 한국인들은 우리를 탈북자라고 부르지 않았다. '새터민'이라고 불렀다. 새로운 곳을 터전으로 삼아 살아간다는 뜻이었다. 나는 그 말이 참 좋았다. 탈북자라는 말보다 정감있고 따뜻하게 느껴졌다.

뿐만 아니라 한국 정부에서는 우리에게 작은 임대 아파트를 내 주었다.

"이게 꿈이야 생시야."

엄마는 호들갑을 떨며 자신의 볼을 꼬집었다.

"엄마, 내 볼도 꼬집어 보세요. 이게 꿈은 아닌 거죠?"

나도 덩달아 신이 났다. 북한에서 우리가 살던 집은 다 쓰러져 가는 오두막이었다. 여름이면 비가 샜고 겨울에는 거센 바람에 방문이 덜컹거렸다. 세 식구가 꼭 끌어안고 있어도 추워서 이가 닥닥 소리를 내며 부딪쳤다. 그런 곳에 살았던 우리에게 지금의 집은 말 그대로 천국이었다.

"나라에서 정착금도 조금 주었어. 예전에는 제법 액수가 컸다는데, 요즘은 탈북자가 너무 많아서 액수가 줄었다는군."

통장을 보여 주는 아버지의 두 뺨이 발그스름하게 상기되었다. 적은 돈이지만 한국 정부가 보여 준 사랑과 정성 덕분에 아버지의 가슴에 희망이 생겨난 것이다.

"내쫓지 않고 받아 준 것만도 감사한데 집이랑 돈까지 주니, 감사하고 또 감사하죠. 이제부터는 우리 둘이 열심히 일하면 건이랑 행복하게 살 수 있을 거예요."

어머니도 흥분을 감추지 못했다.

하지만 슬픈 일도 있었다. 아버지의 다리 상태가 생각보다 심각했던 것이다. 수술을 받아야 한다는데, 비용이 만만치 않았다. 정부에서 준 정착금과 비슷할 정도로 수술비가 비쌌으니, 감히 엄두도 낼 수 없었다.

"의료보험에 가입하면 병원비가 줄어들 겁니다."

의사 선생님이 지극히 사무적인 말투로 말했다.

"그러려면 회사에 취직해야 하는데, 아직 여의치 않아서요. 다른 방법이 없을까요?"

어머니가 머리를 조아리며 굽실거렸다.

"글쎄요. 새터민 쉼터나 취업 프로그램을 이용해 보세요."

의사 선생님은 차갑고 냉정했다. 어머니는 잠시 머뭇거렸지만 이내 말을 목구멍 뒤로 삼켰다. 도움을 줄 것 같지 않았기 때문이다.

"아픈 사람을 보고도 그냥 돌아가라고 하다니 참 야박하네요. 충분히 고쳐 줄 수 있을 것 같은데 말이에요."

혼잣말로 푸념을 늘어놓던 어머니의 눈에 눈물방울이 그렁그렁 맺혔다. 문득 신부님의 말씀이 떠올랐다. 차별 대우, 탈북자를 향한 한국인들의 편견……. 어쩌면 이제부터가 진짜 싸움이 시작되었는지도 모른다. 행복해지고 싶다면 편견에 맞서 싸워야 한다. 차별 대우를 견디고 이겨 내야 한다. 그래야 행복해질 수 있다던 신부님의 말씀을 다시금 기억해 냈다.

나는 초등학교 3학년에 입학했다. 반 아이들은 나를 신기한 눈으로 쳐다보았다. 삼삼오오 모여 내가 지나갈 때마다 '탈북자'라고 놀려대기도 했다. 심지어 쓰레기를 던지는 몇몇 아이들도 있었다.

눈물이 핑 돌았다. 누구도 나와 친구가 되려고 하지 않았다. 나는 그저 아이들과 친구가 되고 싶었던 것뿐인데, 가슴이 너무 아팠다. 한국에서는 이런 걸 왕따라고 부른다고 한다. 전부 하나로 똘똘 뭉쳐서 한 사람을 괴롭히고 따돌린다는 것이다. 왜 그래야

하는 걸까? 조선노동당원이 감시하는 것도 아닌데, 재미삼아 친구를 괴롭히다니 이해할 수 없었다. 이런 식으로 왕따를 당하는 것은 나뿐만이 아니었다. 새터민 아이들 대다수가 학교에서 놀림을 받는다고 한다.

　수업이 끝나면 나와 같은 새터민 아이들은 '사랑의 학교'에 모인다. 한국에 대해 배우고, 한국 아이들과 친해지는 방법을 배우

기 위해서이다.

"내가 말만 하면 아이들이 깔깔깔 웃으면서 내 말투를 따라 하고 놀려. 한국에는 못된 아이들뿐이야. 차라리 북한에 있을 때가 좋았어. 적어도 내가 동물원 원숭이처럼 느껴지지는 않았거든."

함경북도 아오지에서 탈북한 덕칠이 형이 말했다. 덕칠이 형은 올해로 열여섯 살이다. 중국에서 4년간 생활하다가 태국을 거쳐 한국으로 왔다. 5년 남짓한 세월 동안 이곳저곳을 떠돌아다녀서 학습 진도를 따라갈 수가 없다. 그래서 꼴찌를 도맡아 한다. 한국에 온 지 2년이 다 되어 가지만 여전히 적응하지 못하고 있다. 오히려 시간이 지날수록 한국에 온 걸 후회한다고 한다. 한국은 천국이 아니라 지옥이란다.

"예전에는 밥만 굶지 않으면 된다고 생각했는데, 한국에 오니까 욕심이 생기나 봐. 사람대접이 받고 싶으니 말이야."

이번에는 순미 누나가 말했다. 누나는 학교생활에 적응하지 못해서 결국 자퇴를 했다. 검정고시로 중학교 과정은 졸업했고, 지금은 고등학교 과정을 준비 중이다. 누나는 대학에 들어가서 간호사가 되고 싶다고 한다.

"나도 언니처럼 학교를 그만둘까 해. 부모님은 끝까지 참고 견뎌 보라지만 도저히 견딜 수가 없어."

중학교 2학년인 미영이 누나였다. 나를 비롯해 이곳에 모인 새터민 아이들은 저마다 가슴에 상처를 가지고 있다. 모두가 반 친구들의 따돌림 때문에 생긴 상처였다.

"나도 학교 가기 싫어. 애들이 나를 괴물처럼 쳐다봐."

나와 나이가 같은 철수였다. 철수는 탈북하는 도중에 어머니가 돌아가셨다. 그래서 아버지와 단둘이 살고 있다. 철수의 아버지는 조선노동당원이었다. 제법 돈도 많고 힘도 있었지만 철수의 장래를 생각해 탈북을 결심했다고 한다. 하지만 철수가 한국 생활에 적응하지 못해 걱정이 이만저만이 아니다. 철수 아버지는 매일같이 술을 마시고 괜히 탈북을 했다고 하소연을 한다.

"전라도 사람은 전라도 사투리를 쓰고, 경상도 사람은 경상도 사투리를 쓰는 게 정상 아니야? 우리는 함경도 사람이니까 함경도 사투리를 쓰는 건데 왜 이상하다고 놀리는 건지 모르겠어."

미영이 누나가 목에 핏대를 세우며 소리쳤다. 그 말에 저마다 '맞다!' 고 소리를 쳤다. 나도 나지막이 '맞아!' 를 외쳤다.

"사람들 앞에서 말하는 게 제일 무서워. 한 번은 누가 내 발을 세게 밟았어. 나도 모르게 비명을 질렀는데 미안하다는 말 대신 나를 위아래로 훑어보는 거야. 그러더니 자기 친구 귀에 대고 낄낄거리면서 '탈북자야. 진짜 신기하네.' 이러는 거 있지? 덕칠이 말처럼 우리에 갇힌 원숭이가 된 기분이었어."

너나 할 것 없이 한국에서 겪은 서러움을 토로했다. 사랑의 학교에 와서 새터민 친구들을 만나면 반갑고 기쁘지만 한편으로는 너무 우울했다. 나도 그들처럼 영원히 한국인 친구들을 사귀지 못할 것 같았기 때문이다.

5장
행복은 어디에 있는 걸까?

결국 아버지는 무릎 아래를 절단해야 했다. 뒤틀어진 뼈가 곪고 썩었던 것이다. 한국에 오자마자 제대로 된 치료를 받았으면 좋았으련만. 신부님 말씀처럼 돈이 없으면 한국에서 할 수 있는 일이 별로 없는 것 같았다.

다리를 자른 뒤 아버지는 술을 자주 마셨다. 한쪽 다리가 없으니 취직도 할 수 없었다. 공사장 막일 자리도 아버지에게는 하늘의 별 따기보다 어려웠다. 아버지 병원비와 생활비를 버느라 어머니의 허리가 새우처럼 휠 정도였다. 어머니의 하루는 고된 노동으로 시작해서 노동으로 끝났다. 아침에는 청소를 했고 점심

에는 밥 배달을 했다. 그리고 새벽 2시까지 음식점에서 설거지를 했다. 사는 게 너무 힘이 들어서 그런 것일까. 언젠가부터 부모님이 언성을 높여가며 싸우기 시작했다. 하지만 싸움은 늘 아버지의 신세한탄으로 끝났다.

"내가 못나서 그래. 내가 못나서. 다리가 잘려 나갔으니 어찌 가장 노릇을 한단 말이야."

아버지가 울면 나도 따라 울었다. 하지만 내가 우는 걸 아버지는 알지 못한다. 우는 모습을 보이지 않기 위해 이불을 뒤집어쓰고 아랫입술을 깨물기 때문이다. 내가 우는 걸 알면 부모님이 더 슬퍼하실 테니까.

깊은 밤, 우리는 각자 이를 악물고 눈물을 참는다. 그래서 흐

느끼는 소리는 들리지 않지만 어머니와 아버지의 어깨가 흔들린다. 눈물이 흐를 때마다 내 어깨도 흔들린다. 그럴 때면 한국에 괜히 왔다는 생각이 든다. 북한에 있었더라면 머지않아 우리 가족은 굶어죽었을 것이다. 하지만 아버지가 다리를 자르는 일도 없었을 텐데…….

우리가 깊은 슬픔에 잠겨서일까. 송이가 내게 주었던 흰나비가 잿빛으로 변해 있었다. 다리를 잃고, 희망을 잃어 버린 아버지처럼.

"송이야. 잘 있니? 한국에 오면 한국 사람들한테 부탁해서 너랑 너희 아빠 병을 고쳐 주고 싶었는데. 과연 우리가 다시 만날 수 있을까?"

"건이 엄마, 고향이 어디야?"

"함경북도인데요. 왜 그러세요?"

어머니가 일하는 식당의 주인이 어머니를 무섭게 노려보며 물었다.

"고향이 북한이라는 소리지? 그렇다면 우리 집에서 어서 나가요."

어머니는 느닷없이 식당에서 쫓겨나고 말았다. 이유는 북한에서 연평도에 포탄을 발사했기 때문이다. 마침 식당 주인의 고향이 연평도였던 것이다. 평생 살아온 고향집이 불바다가 되었단다. 그것도 모자라 늙은 어머니가 심한 부상을 당했다고 한다. 머리 끝까지 화가 난 주인이 어머니에게 화풀이를 한 것이다.

"야속하지만 어쩌겠어요. 하루아침에 삶의 터전을 빼앗겼으니 그들의 마음도 충분히 이해가 돼요. 당신은 어때요?"

어머니는 이런 일에 익숙한 사람처럼 담담하게 말했다.

"아직까지는 괜찮아. 하지만 언제 쫓겨날지 모르는 일이지. 북한에서 말썽만 피우면 그 피해가 고스란히 우리 몫이 되는 게 어디 한두 번이었어. 건이는 학교에서 괜찮니?"

작은 건물의 경비로 취직한 아버지가 나를 물끄러미 바라보았다. 아버지는 예전처럼 당당하지도 활기차지도 않았다. 박제가 된 나비처럼 하루하루 시들어 갔다.

눈동자는 빛을 잃었고 얼굴은 해골처럼 퀭했다. 아버지가 잃어 버린 것은 다리가 아니라 희망이었다.

"전 괜찮아요."

나는 애써 태연한 척하며 어깨를 으쓱거렸다. 하지만 사실 조금도 괜찮지 않았다. 오늘 낮에 반 아이들에게 둘러싸여 흠씬 두들겨 맞았기 때문이다. 그 이유는 연평도 폭격 탓이었다.

"빨갱이 녀석. 너희 나라로 돌아가! 너희 나라에서 우리 나라에 포탄을 쐈잖아."

나는 아무런 대답도 하지 않고 날아오는 주먹을 담담히 참고 견뎠다.

'제까짓 것들이 아무리 때려 봤자 죽기야 하겠어. 나는 죽음을 무릅쓰고 이곳 한국으로 왔어. 네 녀석들은 하나도 무섭지 않다고.'

이를 악물고 버텼다. 녀석들 앞에서 울고 싶지 않았고, 추하게 용서를 빌고 싶지도 않았다. 북한의 폭격은 내 잘못이 아니기 때문이다. 내가 관여할 수 있는 일도 아니기 때문이다. 그래서 녀석들의 괜한 심술에 장단 맞춰 가면서 슬퍼하고 싶지 않았다.

"그만두지 못해. 가만히 보니까 해도 너무하는구나."

우리 반에서 키가 제일 큰 성민이었다.

"왜 그래? 우리가 뭘 잘못했다고. 이런 탈북자 녀석은 혼이

좀 나야 해."

앞장서서 나를 따돌리던 규철이 녀석이 똥이 마려운 강아지처럼 우물쭈물 거렸다. 성민이가 무서운 눈치였다.

"너희 눈에는 건이가 포탄을 쏜 걸로 보이니?"

"그건 아니지만 이 녀석도 빨갱이잖아."

"멍청아, 빨갱이가 싫어서 한국으로 온 녀석이 어째서 빨갱이냐? 그리고 너 선생님한테 애기 못 들었어? 건이는 빨갱이가 아니라 새터민이라고, 새터민. 왜 좋은 말을 놔두고 이상한 말을 쓰냐."

인민학교가 아닌 초등학교에 입학하고 한 학기가 지났다. 여름방학이 끝날 때까지 그 누구도 내게 따뜻한 말을 건네 주지 않았다. 느닷없는 성민이의 도움에 나는 코끝이 시큰해졌다.

"가자, 건아."

나는 누가 볼까 봐 재빨리 눈물을 닦았다. 그리고 성민이의 뒤를 쫄래쫄래 따라갔다. 가까이에서 보니까 성민이는 정말로 키가 컸다.

"고마워."

나는 성민이에게 있는 힘을 다해 말했다. 한국 사람들 앞에서 말을 한다는 것은 두려운 일이었다.

"친구끼리 고맙긴 뭐가 고마워."

성민이가 성큼성큼 다가와 내 어깨에 팔을 둘렀다. 성민이의 팔에서 따뜻한 온기가 전해졌다. 왠지 좋은 일이 생길 것 같은 예감이 들었다. 신부님의 말씀처럼 한국에는 좋은 사람도 있고 나쁜 사람도 있다. 내가 새터민이라서 불행한 일만 생기는 것이 아니다. 우리는 새로운 터전에서 살기 위해 죽음을 무릅쓰고 머나먼 한국 땅까지 왔다. 그러니까 남들보다 더 잘살기 위해 노력해야 한다.

우리는 신부님의 소개로 성당에 나가게 되었다. 태어나서 처음으로 종교라는 것을 갖게 되었는데, 어머니는 종교가 무척 마음에 드는 눈치였다. 성당에서 알게 된 사람들은 대부분 따뜻하고 친절했다. 우리를 불쌍히 여기는 사람들이 많았던 것이다. 하지만 싫지 않은 동정이었다. 감사를 감사로 받아들이지 못하는 것이 더 큰 불행이라고 아버지가 말씀해 주셨기 때문이다. 아버지가 경비원으로 취직한 것도 성당 사람들이 도와 주었기 때문이었다.

"건이 아버지, 기쁜 소식을 가져왔습니다."

수녀님이 사과 한 봉지를 사 들고 집으로 왔다. 아버지는 절룩거리는 다리로 한걸음에 달려 나갔다.

"건이도 있었구나. 어머나, 우리 건이 키가 부쩍 컸네."

수녀님이 내 머리를 쓰다듬어 주었다. 그러고 보니 내 키가 훌쩍 자란 것 같았다.

"무료로 의족을 해 주시겠다는 분이 계세요. 의족을 하면 훨씬 편안해지실 거예요."

"그거 굉장히 비싸다던데. 고마워서 어쩌죠."

어머니랑 아버지가 서로를 바라보며 얼싸안았다.

"수녀님, 감사합니다."

나는 부모님을 대신해 수녀님께 깊이 고개 숙여 인사했다. 기뻐해 하시는 아버지의 얼굴을 보니 행복했다.

하느님이 내 기도를 들어주시려는 모양이다. 내 기도는 항상 똑같다.

'아빠가 다시 희망을 되찾게 해 주세요. 아빠랑 엄마가 예전처럼 싸우지 않게 해 주세요. 우리 식구들 모두 행복하게 해 주세요. 뿐만 아니라 새터민들 모두가 한국에 온 것을 후회하지 않도록 해 주세요.'

"자유롭게 기도를 할 수 있는 것도 한국에 왔기 때문이야. 북한이었다면 꿈도 꾸지 못할 일이잖아. 그것만으로도 우리는 천국에 있는 거야. 그러니까 앞으로는 좋은 생각만 하자. 아빠도 힘낼게."

오랜만에 보는 아버지의 밝은 미소였다. 문득 아버지 뒤로 보라색 나비가 날아가는 것 같았다. 눈을 비비고 다시 보았더니 나비의 모습은 보이지 않았다. 아버지의 웃는 얼굴이 반짝반짝 빛나서 잠시 착각을 했었나 보다. 아니면 진짜 나비가 왔다 갔는지도 모른다. 우리 가족에게 용기를 주기 위해, 희망을 주기 위해, 행복을 주기 위해.

학교는 여전히 내게 행복한 곳이 아니었다. 선생님 말씀은 도무지 이해가 되지 않았고, 친구들은 여전히 나를 따돌렸다. 다행

히 성민이가 곁에 있었지만, 성민이는 나 말고도 친구가 무척 많은 아이였다. 새터민 친구들처럼 학교를 자퇴해야 할지도 모른다는 생각이 들었다.

"북한은 어떤 곳이야?"

운동장에 혼자 앉아 있는 나에게 성민이가 다가왔다.

"잘 모르겠어. 북한에 있을 때는 너무 싫었거든. 그런데 한국에 오고 나니까 가끔 북한이 그리워. 친구들도 보고 싶고."

"다시 갈 수 있다면 갈 거니?"

성민이의 표정이 사뭇 진지해 보였다.

"아니, 죽어도 다시 돌아가지 않을 거야."

목숨을 걸고 두만강을 건널 때, 중국에서 공안들을 피해 달아나던 때가 기억났다. 머리카락이 하늘로 곤두서는 것 같았다.

"그렇다면 이곳 아이들과 어울리기 위해 노력해 봐. 두려워하지 말고 말이야. 너, 중국말도 잘 한다면서? 중국 말, 북한 말 그리고 한국 말까지 해서 3개 국어를 하는 거잖아. 그것만으로도 충분히 멋진걸!"

"3개 국어라니 말도 안 돼. 북한 말은 사투리야 사투리. 그걸 가지고 3개 국어라고 하는 건 엉터리야."

3개 국어라는 말에 나는 피식 웃었다. 하지만 기분이 나쁘지는 않았다.

"자식, 그것 봐. 너도 북한 말과 한국 말이 같은 거라고 생각하잖아. 그러니까 부끄러워하지 마. 겁내지도 마. 담임 선생님을 봐. 경상도 사투리로 말하지만 조금도 창피해 하지 않으시잖아."

성민이가 내 어깨를 가볍게 쳤다.

"하지만 난 아이들이 놀리잖아."

내 목소리가 개미처럼 작아졌다.

"네가 부끄러워하니까 놀리는 거야. 네가 당당해지면 놀리는 아이들도 없어질 거야. 속는 셈 치고 내 말을 한 번 믿어 봐. 그리고 이제부터 내가 축구를 가르쳐 줄게. 열심히 운동을 하다 보면 저절로 기분이 좋아지거든. 공부를 가르쳐 주면 좋겠지만 나도 그쪽에는 영 자신이 없어서 말이야. 참, 너는 꿈이 뭐야? 나는 세계 제일의 축구 선수가 되는 게 꿈이거든."

"꿈? 아직 생각해 보지 않았는데."

"이제부터 북한에 두고 온 친구가 그리울 때면, 나중에 하고 싶은 일을 생각해 봐. 슬퍼하는 대신 꿈을 꾸는 거지. 꿈이 있다는 것은 정말 멋진 일이거든."

성민이의 말을 들으며 곰곰이 생각했다. 내 꿈은 무엇일까?

"내 꿈은 남과 북이 하나가 되는 거야. 그런 것도 꿈이라고 할 수 있을까?"

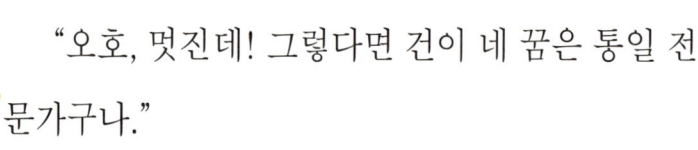

"오호, 멋진데! 그렇다면 건이 네 꿈은 통일 전문가구나."

"통일 전문가? 그게 뭐야?"

"나도 잘 몰라. 방금 만든 말이니까. 하지만 네 꿈이 남과 북이 하나가 되는 거라면 그 꿈을 이루기 위해 네가 무언가를 해야 하잖아. 그 일을 하는 사람이 통일 전문가 아닐까?"

"통일 전문가? 그거 정말 멋진데. 그럼, 이제부터 통일 전문가가 되는 방법을 찾아 봐야겠네."

갑자기 힘이 솟았다. 훗날 내 손으로 통일을 이루어 낼 것만 같았다.

"잘은 모르겠지만 통일 전문가가 되려면 일단 어깨를 활짝 펴고 걸어야 해. 그리고 목소리도 아주 커야 할 걸. 북한 사람들이랑 한국 사람들한테 왜 통일이 돼야 하는지, 그 이유를 설명하려면 말이야."

햇볕에 검게 그을린 성민이의 얼굴이 눈부시게 빛났다. 학교를 자퇴하지 않아도 될 것 같은 기분 좋은 예감이 들었다.

6장
하나가 될 수 없는 남과 북

'사랑의 학교'에서 저녁 간식으로 초콜릿 우유와 단팥빵을 주었다. 단팥빵은 아버지가 굉장히 좋아하시는 빵이다.

"배가 불러서 지금 못 먹겠네. 집에 가서 먹어야지."

듣는 사람이 아무도 없었지만 괜스레 나는 혼잣말을 하며 빵과 우유를 가방에 넣었다.

'아빠에게 드려야지.'

아버지에게 빵을 빨리 주고 싶은 마음에, 선생님 말씀이 귀에 들어오지 않았다. 이처럼 하고 싶은 걸 마음대로 할 수 있다는 것만으로도 한국은 멋진 나라이다. 물론 여전히 낯선 나라이기도 하다. 부모님은 한 달이 멀다 하고 회사에서 쫓겨났다. 신부님의 말씀처럼 한국인들은 새터민을 열등한 사람처럼 대한다. 한국말이 서툴고, 한국 문화에 서툰 것뿐인데도 말이다. 시간이 지날수록 조금씩 안정된 직장을 찾아가고 있지만 부모님은 여전히 살얼음판을 걷는 심정이라고 했다.

"북한에서는 너나 할 것 없이 가난했잖아요. 어쩌면 그래서 덜 힘들었는지도 몰라요."

하루는 어머니가 푸념을 늘어놓았다. 아버지의 다리를 주무르고 있던 나는 어머니의 말을 이해할 수 없었다. 아버지도 나랑 같은 생각이었는지 눈을 동그랗게 떴다. 미간에 잡힌 주름 탓에 아버지가 더 늙어 보였다.

"한국에는 좋은 것이 너무 많잖아요. 하지만 가질 수 없으니 더 속이 상하죠. 돈이 많은 사람은 어마어마하게 많고, 우리처럼 가난한 사람은 일하고 싶어도 일할 곳이 없으니까요."

문득 신부님의 말씀이 떠올랐다. 한국은 자본주의 국가이고, 자본주의 국가의 특징은 개인의 재산을 인정하는 것이라고 했다. 땀 흘려 일한 만큼 부자가 될 수 있는 나라가 바로 한국인 것이다. 하지만 부자는 더 부자가 되고, 가난한 사람은 더 가난해지는 것이 자본주의 사회의 문제점이라고 말씀하셨다. 어머니가 하는 말이 아마도 이걸 뜻하는 모양이다.

"그래도 나는 한국이 좋아. 땀 흘려 일하면 부자가 될 수 있다는 꿈을 꿀 수 있잖아. 북한은 앞으로도 희망을 가질 수 없는 나라야. 나는 건이에게 돈이 아니라 꿈과 희망을 선물해 주고 싶었어."

다리를 못 쓰게 되었는데도 아버지는 북한을 탈출한 걸 후회하지 않았다. 아버지가 후회했더라면 나는 정말로 슬펐을 것 같다. 아버지가 탈북을 결심한 건 바로 나를 위해서였기 때문이다.

술을 자주 마시고, 가끔 주정도 하지만 여전히 나는 아버지가 자랑스럽다. 아버지가 안 계셨더라면 나와 어머니는 애초에 북한에서 굶어 죽었을 것이다. 그래서 맛있는 것이 생기면 제일 먼저 아버지 얼굴이 떠오른다. 나는 오늘도 여느 때처럼 콧노래를 부르며 아버지가 일하고 계신 곳으로 달려갔다. 그런데 아버지가 있는 곳으로 다가갈수록 거친 목소리가 들려왔다.

"경비가 주차 관리도 못하면 어떻게 합니까?"

아주머니의 목소리가 고양이처럼 앙칼지게 들렸다. 순간 나는 가슴이 철렁 내려앉는 것 같았다. 경비라면 바로 우리 아버지였

기 때문이다.

"죄송합니다. 죄송합니다."

아버지가 어떤 아주머니에게 계속 고개를 숙이며 죄송하다고 빌었다.

"사과할 필요 없어요. 아저씨 때문에 제 차가 망가졌으니까 보상하세요."

번쩍번쩍 빛나는 검은색 자동차의 뒷부분이 조금 찌그러져 있었다.

'아빠는 운전을 못하는데 왜 아빠한테 저러는 거야.'

나는 그 상황을 전혀 이해할 수가 없었다.

"건물 관리인은 운전을 할 수 있어야 해. 건물을 방문한 사람들의 차를 대신 주차해 줘야 하거든."

언젠가 아버지가 깊고 깊은 한숨을 내쉬며 어머니에게 하소연했다.

"대신 당신은 남들보다 한 시간 일찍 출근하고 늦게 퇴근하잖아요. 사장님도 주차를 못하지만 건물 청소를 하니까 괜찮다고 했잖아요."

어머니가 아버지를 위로했다.

"다리만 성했어도 운전면허에 도전해 볼 텐데. 다리가 내 마음대로 움직이지 않으니 엄두도 못 내겠어."

분명히 그렇게 말했던 아버지였다. 아버지가 저 아주머니의 차를 운전했을 리가 없는데…….

가슴이 쿵쾅쿵쾅거렸다. 달려 나가서 아주머니에게 소리치고 싶었는데, 두 다리가 모두 땅바닥에 붙었는지 좀처럼 떨어지지가 않았다.

"사모님, 제가 정지하라고 말씀드렸잖아요."

아버지가 우물쭈물 힘들게 말했다.

"뭐야, 이 아저씨가! 그럼 내가 잘못했다는 거야?"

여자는 무섭게 으르렁거렸다. 주차하는 여자의 차를 아버지가 뒤에서 제대로 봐 주지 못한 모양이다. 아니면 제대로 봐 줬는데도 여자가 계속해서 차를 움직였는지도 모른다.

"어쩌려고 근본도 모르는 탈북자를 직원으로 채용하는 거야. 건물 주인 나오라고 해!"

그때였다. 번쩍이는 검은색 자동차에서 한 아이가 내리는 모습이 보였다.

"엄마, 제발 그만하세요. 저 아저씨가 분명히 정지하라고 얘기했어요. 엄마가 계속해서 후진해 놓고 왜 저 아저씨한테 화를 내세요."

낯익은 얼굴, 낯익은 목소리였다. 바로 성민이었다.

성민이를 보는 순간 내 심장이 그대로 굳어 버리는 것 같았다. 막막하고 답답해서 숨을 쉴 수 없을 것 같았다. 친구가 생겨서 정말 행복했는데, 친구가 되기에는 나와 성민이 사이에 너무 먼 거리가 있는 것 같았다. 남과 북처럼…….

"건아."

우두커니 서 있는 나를 먼저 본 것은 성민이었다. 성민이는 북한 사투리를 쓰는 아버지의 얼굴과 내 얼굴을 번갈아 쳐다보았다. 이윽고 미간을 찌푸렸다.

아버지의 얼굴이 붉으락푸르락해졌다. 하지만 내 이름을 부르지는 않았다. 자신이 나의 아버지라는 사실이 죄라도 되는 것처럼. 그 순간 나는 달려가서 아버지를 끌어안을까 아니면 저 사람들이 없는 곳으로 멀리 달아날까 고민했다. 결과적으로 나는 아버지를 모른 척하고 달아났다.

성난 고양이처럼 으르렁거리는 성민이의 어머니가 무서웠고, 궁지에 몰린 쥐처럼 안절부절 못하는 아버지가 미웠다. 그리고 당당하게 그 자리에 서 있는 성민이가 싫었다.

"싫어. 싫어. 다 싫단 말이야!"

식당에서 설거지를 하는 어머니는 새벽 2시가 넘어서야 집에 오신다.

아버지는 어머니보다 조금 빨리 퇴근하신다. 그래봐야 12시지만, 그래도 힘든 어머니를 대신해 아픈 다리를 절룩거리며 부지런히 집안 청소를 하신다. 하지만 오늘은 어머니가 온 뒤에도 아버지가 집으로 돌아오지 않았다.

"이 사람이 왜 이렇게 안 오지."

어머니는 초조한 얼굴로 아버지를 기다렸다. 나는 낮에 있었던 일을 어머니에게 말하지 못했다. 아버지를 버리고 도망갔다는 사실을 도저히 내 입으로 말할 자신이 없었다.

'아빠, 죄송해요. 제가 잘못했어요.'

눈물이 자꾸만 나와서 이불을 얼굴 위까지 뒤집어썼다.

언제 잠이 들었던 것일까. 눈을 뜨니 벌써 아침이었다.

"처음 겪는 일도 아니잖아요. 실망하지 말아요. 더 좋은 일이 생기겠죠."

"당신한테 미안해서 그렇지. 막노동을 하려고 해도 다리가 이 모양이니……."

아버지의 한숨 소리가 집안 분위기를 어둡게 만들었다. 나는 잠이 깼지만 도저히 이불 밖으로 나올 수가 없었다. 너무 죄송해서 아버지의 얼굴을 볼 자신이 없었던 것이다.

"건아, 학교 가야지. 어서 일어나렴."

어머니가 내 엉덩이를 톡톡 때렸다. 나는 쭈뼛거리며 이불 밖으로 나왔다. 아버지는 나를 향해 애써 밝은 표정을 지었다. 그 모습이 더 가여워 보였다.

"건아, 친구 앞에서 창피했지. 미안하구나."

"아빠, 죄송해요. 제가, 제가……."

눈물이 왈칵 쏟아져서 더 이상 말을 할 수가 없었다. 나는 아버지의 목을 있는 힘껏 끌어안았다.

"건아, 나하고 얘기 좀 하자."

성민이가 먼저 다가왔다.

"화 많이 났어?"

내가 아무 말도 하지 않자, 성민이가 불안한 눈빛으로 나를 바라보았다.

성민이 엄마 때문에 결국 아버지는 회사에서 쫓겨나고 말았다. 다시 실업자가 된 것이다.

"탈북자가 취직하는 게 얼마나 어려운 일인지 아니?"

씩씩하고 활발했던 성민이가 거짓말처럼 얌전했다. 성민이의 눈동자는 '정말 미안해.' 라고 말하고 있었다. 하지만 나는 성민이를 용서해 주고 싶지 않았다. 할 수만 있다면 죽을 때까지 미워해 주고 싶었다.

"너희 아빠 이제 거기 안 나가시는 거야?"

"너희 엄마가 그렇게 만들었잖아."

성민이의 진심이 느껴졌지만 나는 계속해서 나쁘게 말을 하고 싶었다. 어쩌면 아버지를 모른 척했던 내 자신을 용서할 수 없었던 것인지도 모르겠다.

"한국이랑 북한은 정말 친구가 될 수 없는 걸까?"

"그게 이 일하고 무슨 상관이야?"

나는 심술 맞은 목소리로 반문했다.

"우리 엄마 말이야. 탈북자가 어쩌고저쩌고 쉬지 않고 떠들더라고. 본인이 잘못한 걸 알면서도 말이야. 탈북자한테는 그렇게 해도 된다지 뭐야."

성민이가 길게 한숨을 내쉬었다.

"우리 엄마가 너한테 빨갱이라고 놀리는 멍청이들 하고 다를 게 없잖아."

"목숨을 걸고 북한을 넘어온 건 우리 사정이잖아. 우리를 무시하고 조롱하는 것도 한국 사람들 사정이고. 네 말대로 남과 북은 하나가 되기에는 거리가 너무 먼 것 같아."

성민이는 더 이상 아무 말도 하지 않았다. 함께 축구를 하자고 두 손을 마주 잡았던 우리 두 사람 사이로 어색한 침묵이 흘렀다. 우리는 우두커니 운동장에 앉아 뉘엿뉘엿 지는 해를 바라보고 있었다. 내 슬픔 따위는 아랑곳하지 않고 세상은 온통 붉은색으로 아름답게 빛났다. 언젠가 송이와 함께 보았던 아름다운 노을이 떠올랐다.

"우리가 해 보자."

갑자기 성민이가 자리에서 벌떡 일어났다. 지는 해를 등지고 있어서일까! 성민이가 하늘에 떠 있는 별처럼 반짝거리는 것 같았다. 눈이 부셔서 나도 모르게 눈을 찡그렸다.

"너는 북한 대표 나는 한국 대표가 되어서 서로의 거리를 좁혀 보는 거야. 너랑 내가 친구가 되고, 또 다른 한국 아이와 새터민 아이가 친구가 된다면 머지않아서 남과 북도 친구가 되지 않을까? 어른들이 변하지 않는다면 우리가 먼저 변하면 되잖아."

눈시울이 붉어졌다. 코끝이 시큰거렸다. 이제야 깨달았다. 내가 성민이에게 듣고 싶었던 말은 미안하다는 말이 아니었다. 친구가 되자는 말, 바로 그것이었다.

7장
내 이름은 한건

아버지의 일자리는 좀처럼 나타나지 않았다. 북한에서 아버지는 전기를 수리했었다. 제법 뛰어난 기술자였다. 어머니 역시 옷을 만드는 재봉사였다. 하지만 두 분의 기술은 한국에서는 쓸모가 없었다.

한국 기술자들의 실력이 월등하게 뛰어났기 때문이다. 할 수 있는 일은 허드렛일뿐이었다. 아버지는 다리가 아프니, 그것도 쉽지 않았다.

한쪽 날개를 잃은 나비와 한쪽 다리를 잃은 아버지……. 다리를 절룩거리는 아버지를 보면 가슴이 너무 아팠다. 아버지의 고통을 가까이에서 직접 보았기 때문이다. 한번은 다리가 너무 아파서 기절한 적도 있었다. 그 모든 고통을 참고 이겨 낸 아버지였는데 요즘은 너무 지쳐 보인다. 일을 할 수 없다는 사실이 아버지를 힘들게 하는 것 같다. 모든 짐을 엄마에게 지어 준 게 미안한 것이다. 그럴수록 아버지는 술을 마신다. 술을 마시고, 울고 또 술을 마신다. 아버지의 몸에 배어 있는 술 냄새가 나를 슬프게 만들었다.

"아빠는 지금 많이 아파. 몸도 마음도 말이야. 그러니까 우리가 조금 더 이해해 주자."

어머니는 하루 종일 허드렛일을 하면서도 힘들다는 내색을 하지 않는다. 북한에 있을 때는 아버지에게 투정도 곧잘 부렸는데, 한국에 와서는 어머니가 훨씬 강해졌다. 아마도 아버지가 다리 한쪽을 잃어 버렸기 때문일 것이다.

"빨리 어른이 되고 싶어요. 돈을 많이 벌면 아빠 다리도 치료해 드릴 수 있고, 엄마도 도와 줄 수 있잖아요."

"말만 들어도 힘이 솟는구나."

어머니가 나를 꼭 안아 주었다. 어머니의 어깨가 가늘게 떨렸다. 아버지가 가여워서 울고 있는 것 같았다.

"허벅지까지 곪기 시작했어요. 치료를 제대로 하지 못해서 그런 것 같습니다."

의사 선생님이 어머니와 나를 따로 불렀다. 그리고는 짧은 한숨을 내쉬었다.

"아직도 의료보험이 안 되는 거죠?"

"네, 취직은 했는데 정직원이 아니라서요."

쌀쌀맞았던 의사 선생님이 오늘따라 고개를 갸웃거리며 뭔가를 곰곰이 생각했다. 아버지의 상태가 심각한 것일까? 아니면 우리가 불쌍해진 것일까?

"정직원이 안 되는 이유가 뭐죠?"

"아무래도 제가 탈북자다 보니까……."

어머니의 얼굴이 홍당무처럼 붉어졌다. 부끄러운 일도 없었는데 내 얼굴도 불에 댄 것처럼 뜨겁게 달아올랐다. 탈북자는 여전히 한국에서 비웃음의 대상일 뿐이었다.

"수술이 시급하지만 상황이 여의치 않을 테니 일단 술을 끊을 수 있도록 가족들이 도와 주세요. 그리고 제가 어머님이 다니시는 회사에 전화를 해 보면 어떨까요?"

"회사에 전화를 하신다니 무슨 뜻이죠?"

의사 선생님은 오른손에 들고 있던 볼펜을 위아래로 가볍게 흔들었다.

"정직원으로 채용하지 않는 이유가 불신이라면, 제가 어머님의 신원(개인의 신분이나 평소 행실, 주소, 직업에 대한 보증)을 보증해 드리는 겁니다. 만일 어머님이 가게에 손해를 끼치고 도망친다면 제가 대신 갚겠다는 약속인 거죠."

얼음처럼 쌀쌀맞았던 의사 선생님이 우리를 위해 보증을 서 준다니, 믿을 수가 없었다.

"처음에는 저도 새터민에게 선입견이 있었습니다. 하지만 오랫동안 지켜보면서 제가 어리석었다는 것을 알았어요. 고향이 어디인지는 전혀 중요하지 않으니까요. 두 분 모두 성실하시고 선한 분이잖아요. 건이도 착하고 예의 바른 아이고요. 제가 보증을 선다고 해서 손해 보는 일은 없을 것 같거든요."

의사 선생님의 눈빛에서 경계심이 사라졌다. 이렇게 우리는 대한민국 국민이 되어 가고 있었다. 대다수의 사람들이 처음에는 우리를 경계하고 또 의심한다. 색안경을 쓰고 우리를 폄하하고 조롱한다. 하지만 우리가 우리의 자리를 지키면 의심은 믿음으로, 조롱은 따뜻함으로 변한다. 의사 선생님이 보여 준 따뜻한 미소는 그동안 한국에서 받은 모든 수모를 눈 녹듯이 녹게 해 주었다.

"감사합니다. 정말 감사합니다."

어머니와 나는 연신 고개를 끄덕였다. 어머니가 정직원이 되면 우리에게도 의료보험이 생기게 되고, 그러면 아버지도 마음 놓고 치료를 받을 수 있게 될 것이다.

"글짓기 주제는 '나는 누구인가'란다. 다른 말로 정체성이라고 해. 스스로 자신의 장단점을 알 때 자신을 사랑할 수 있거든. 단점도 고칠 수 있단다."

선생님이 칠판에 '나는 누구인가'라고 크게 썼다. 나를 비롯해 모든 아이들이 선생님의 말뜻을 이해하지 못해서 고개를 갸

웃거렸다.

"꿈을 꾸는 사람만이 꿈을 이룰 수 있어. 하지만 내가 누구인지 모르면 하고 싶은 일이 무엇인지도 모른단다. 그런 사람은 당연히 꿈을 꿀 수 없어. 꿈이 뭔지 모르니까."

우리는 알 것도 같고 모를 것도 같은 선생님의 말씀을 이해하기 위해 귀를 기울였다.

"일단 공책에 자신의 이름을 크게 적는 거야. 그리고 그동안 자신이 어떤 사람이었는지 쓰도록 해. 그러다 보면 자연스럽게 자신이 누구인지 알게 될 거야. 그런 다음에는 하고 싶은 일을 적어 보자. 그게 바로 꿈이 되는 거란다. 자, 시작."

선생님의 말씀이 끝나고 이곳저곳에서 낮은 탄식이 흘러 나왔다. 도무지 무엇을 어떻게 써야 할지 몰랐기 때문이다.

나 역시 마찬가지였다. 하지만 아이들 앞에서 발표를 하는 것보다 공책에 글을 쓰는 게 훨씬 좋았다. 말을 할 때마다 깔깔거리고 비웃는 녀석들을 보지 않아도 되니 말이다.

'내 이름은 한건입니다. 고향은 함경북도 회령시 망양동입니다. 인민학교 2학년 때 부모님과 함께 북한을 탈출했어요. 그리

고 중국에서 1년 동안 생활했습니다. 덕분에 중국어를 조금 할 수 있게 되었습니다. 우리 가족이 목숨을 걸고 북한을 탈출한 이유는 행복해지고 싶어서였어요. 북한은 한국 사람들이 상상할 수 없을 정도로 가난하거든요. 또 무섭기도 합니다. 북한을 찬양하지 않으면 언제 어디로 끌려갈지 알 수 없거든요. 끌려간 사람은 죽었는지 살았는지 생사조차 확인할 수 없어요. 그래서 조선노동당원들을 제외하고는 많은 사람들이 북한에서 도망치고 싶어 하죠. 하지만 죽을 각오가 되어 있지 않으면 할 수 없는 일이기도 해요. 탈북을 꿈꾸지만 탈북을 할 수 없는 거죠. 저는 죽을 각오를 했어요.

아빠가 말씀하시길 가슴속에 꿈이 없다면, 희망이 없다면 죽은 것과 다름없다고 하셨거든요. 탈북은 굉장히 힘들었습니다. 하지만 한국에 와서도 여전히 힘들었어요. 한국 사람들이 저를 '한건'으로 보지 않고 탈북자로 보았기 때문이에요. 그래서 저는 생각했습니다. 나는 누구인가. 나는 탈북자인가? 그랬다면 북한에서 살 때의 나는 누구였을까?

북한에 살 때도 한국에 살 때도 나는 아버지 한철교와 어머니 김용자의 아들 한건인데 말입니다. 오랫동안 생각했더니 저는 그냥 탈북자였어요. 저희 부모님도 탈북자였어요. 북한에 있었을 때는 가난했어도 이름이 있었는데, 한국에 온 뒤로 이름이 없어진 거죠. 이름도 없고, 싫다는 말도 못하고, 조롱받고 멸시받아야 하는 탈북자였던 거예요.

몹시 슬펐어요. 우리 가족은 왜 한국에 왔을까. 이름도 성도 없는 탈북자가 되기 위해 두만강을 건너왔던 것일까.

이제 나는 한건이에요. 물론 그냥 한건이 아니라 탈북자이자 새터민인 한건이죠. 탈북자라는 것은 고향이 북한이라는 거잖아요. 북한을 잘 알고 있다는 뜻이에요. 새터민이라는 것은 한국에 새로운 터전을 잡았다는 거잖아요. 북한을 잘 알면서 한국에 살고 있으니까 언젠가 저는 남북 전문가가 될 수 있을 거예요. 그렇게 믿고 있어요.

그래서 제 꿈은 통일 전문가가 되는 거예요. 남과 북이 하나가 될 수 있도록 징검다리가 되고 싶거든요. 그렇게 생각하고 나니까 새터민이라는 사실이 전혀 부끄럽지 않았어요. 오히려 통일 전문가가 되기에 훨씬 좋은 조건을 갖추었다는 생각이 들었어요.

왜냐하면 나는 탈북자이자 새터민이니까요. 물론 이름은 한건이고요. 어른이 되어서도 누군가 제게 고향이 어디냐고 물어보면 당당하게 함경북도라고 말할 거예요. 누가 뭐라고 해도 나는 북한에서 태어났고, 북한을 탈출했으니까요. 그리고 지금은 자랑스러운 한국인이 되었어요.

나는 앞으로 북한과 한국이 정말로 하나가

될 수 있도록 노력할 거예요. 나에게는 반드시 한국에 살아야 하는 이유가 있거든요. 그리고 북한에 가야 할 이유도 있어요. 북한에는 남겨진 사람들이 있거든요. 그들은 지금도 아파하고 있어요. 탈출하고 싶지만 다리가 아파서, 몸이 약해서, 용기가 없어서 주저하고 있을 뿐이에요. 나는 이제 내가 누구인지 알게 되었어요. 그랬더니 어깨가 활짝 펴졌어요. 땅이 아니라 앞을 보고 걸을 수 있게 된 거예요.'

8장
왜 통일이 되야 하는 거야

"우리 반에서 글짓기 대상이 나왔구나. 전교생 중에 대상이 한 명인데, 그 주인공이 5학년도, 6학년도 아닌 우리 3학년 2반이라니, 정말 자랑스럽지 않니?"

담임선생님의 기분이 그 어느 때보다 좋아 보였다. 대상이 우리 반에 있다는 말에 아이들도 덩달아 기분이 들떴다. 이곳저곳에서 아이들이 웅성거리며 나름대로 대상을 받은 아이가 누구인지 예상했다.

"그 주인공은 바로 한건이란다."

선생님이 내 이름을 부르자, 모든 아이들이 눈을 동그랗게 뜨고 황당하다는 표정을 지었다. '공부도 못하는 탈북자가? 설마!' 하는 눈빛이었다. 탄성을 지르며 박수를 쳐 준 사람은 성민이뿐이었다. 그러자 거짓말 같은 일이 벌어졌다. 성민이가 있는 힘껏 박수를 치자 아이들이 하나둘씩 박수를 치기 시작했다. 그러더니 아이들 모두가 '우와' 함성을 지르며 진심으로 기뻐해 주었다. 한국에 와서 처음으로 듣는 칭찬이었다.

 나도 모르게 눈물이 흘렀다. 눈물 때문에 세상이 흐릿하게 보였다. 그래서일까? 갑자기 교실 안에 보라색 나비가 훨훨 날아다니는 것이 보였다. 반짝반짝 빛나는 나비의 보라색 가루가 내 머

리 위로 쏟아지는 것 같았다. 나비가 나를 축복해 주는 것 같았다. 나비는 멋진 날개를 펄럭이며 교실 안을 훨훨 날아갔다.

"한건, 앞에 나와서 네가 쓴 글을 읽어 보렴."

선생님이 내 이름을 크게 불렀다. 그 소리에 깜짝 놀라 정신을 차렸다. 내가 있는 세상에 더 이상 나비는 보이지 않았다. 창문 밖으로 날아간 것일까? 아니면 내가 환영을 본 것일까.

모든 아이들의 시선이 내게 향하자 잠깐 동안 있었던 자신감이 거짓말처럼 사라져 버렸다. 그때 성민이가 자리에서 벌떡 일어났다.

"선생님, 건이가 발표하기 전에 애들한테 할 말이 있어요."

"그래? 그럼, 앞으로 나오렴."

성민이의 느닷없는 행동에 선생님은 잠시 어리둥절했다.

"애들아, 건이가 발표할 때 내용에 귀를 기울여 줘. 건이가 북한 사투리를 쓰는 건 건이의 고향이 북한이기 때문이야. 우리 고향이 서울이라서 표준어를 쓰는 것과 똑같은 거지. 그리고 무엇보다 건이가 하는 말을 우리는 알아들을 수 있잖아. 한마디로 우리는 세종대왕이 만든 한글을 함께 쓰고 있다는 뜻이야. 한민족이라는 얘기지."

"성민이 말이 맞아. 수백 년 동안 우리는 한민족이었어. 잠시 잠깐 떨어져 있다고 해서 형제가 남이 되는 건 아니란다. 그 사실을 잊으면 안 돼."

선생님의 말씀이 끝나고 성민이는 자신의 자리로 돌아갔다. 자리에 앉은 뒤 나를 향해 찡끗 웃어 보였다. 근사한 미소였다. 따뜻하고 자상한 눈빛. 그러고 보니 북한 아이들은 성민이처럼 웃지 않는다. 배가 고파서 근사하게 웃을 힘도 없는 것이다.

"내 이름은 한건입니다."

나는 내가 썼던 글을 아이들 앞에서 읽었다. 북한 사투리는 좀처럼 고쳐지지 않았지만, 내 말을 따라하는 아이들은 없었다. 여전히 킥킥거리기는 했지만, 대놓고 비웃지는 않았다. 그것만으로도 나는 충분히 기뻤다. 글을 다 읽고 아이들을 바라보았다. 악마처럼 나를 놀리던 아이들이 천사처럼 부드러운 눈빛으로 나를 바라보고 있었다. 내 슬픔이 아이들의 가슴에 닿은 것 같았다.

"건이의 글을 듣고 무슨 생각이 들었니?"

선생님이 아이들에게 질문했다.

"탈북은 죄가 아니라는 걸 알았어요. 그러니 비웃고 놀려서도 안 되는 거죠."

우리 반에서 가장 예쁜 아름이가 말했다.

"건이는 항상 뭔가를 두려워하는 것 같았어요. 그래서 남자답지 않다고 생각했어요. 하지만 저보다 훨씬 용감한 남자였어요. 지금까지 저는 목숨을 걸고 뭔가를 해 본 적이 전혀 없었거든요."

경석이가 조용히 손을 들고, 자리에서 일어나 말했다.

"솔직히 목숨을 걸고 탈북을 한다는 것이 어떤 뜻인지 잘 모르겠어요. 실제로 총에 맞아 죽은 사람을 본 적도 없으니까요. 건이가 하는 말을 이해할 수는 없지만, 건이가 얼마나 힘들었을까 짐작할 수는 있을 것 같아요. 이제부터라도 건이와 친해지기 위해 노력해야겠어요."

학급 회장을 맡고 있는 현아였다.

그때 나를 가장 많이 괴롭혔던 복남이가 조용히 자리에서 일어났다.

"건이가 북한에서 왔다는 얘기를 들었을 때 그냥 놀리고 싶었어요. 왜 그런지는 잘 모르겠는데 놀려도 될 것 같았거든요. 키도 작고 힘도 약하니까요. 근데 저 때문에 건이가 이름을 잃어 버렸다고 생각하니까 가슴이 철렁했어요. 저 같은 사람이 많으면 많을수록 통일이 안 되는 거잖아요. 저는 그냥 장난삼아 놀린 것 뿐인데……."

복남이가 울먹거렸다.

"6.25 전쟁 직후만 해도 국민들 대다수가 간절히 통일을 원했단다. 하루아침에 부모형제와 생이별을 했으니까. 생각해 보렴. 너희들 집과 학교 사이에 38선이 그어지고 그 선을 넘으려고 하면 양쪽에서 총알이 빗발치는 거야. 바로 앞에 부모님이 계시는데도 만날 수 없게 되면 얼마나 슬프겠니. 그게 바로 전쟁이라는 것이란다."

나는 선생님의 설명을 이해할 수 있었지만 반 아이들은 전혀 모르겠다는 표정을 지었다.

그래, 바로 이것이다. 한국 아이들은 남과 북이 처한 현실에 대해 전혀 관심이 없다. 그러다 보니 통일을 해야 하는 이유도 모른다. 굶어 죽는 북한 사람들보다 텔레비전에 나오는 연예인에게 관심이 더 많았다. 또는 게임 점수를 높이는 데 더 흥미를 느끼고 있었다.

"예전에는 이산가족 상봉이라는 것을 했어. 떨어져 있던 가족이 만날 수 있는 유일한 시간이었어. 텔레비전에서 그들을 보면서 선생님은 생각했단다. 반드시 통일이 돼야 한다고 말이야. 하지만 할머니 할아버지가 된 그들이 세상을 떠나면서, 더 이상 이산가족 상봉을 기다리는 사람들이 없어졌어. 반드시 통일이 돼야 하는 이유가 사라지고 있는 거지."

선생님의 말씀처럼 한국 사람들은 통일을 바라지 않는다. 가난하고 굶주린 북한 사람들만 통일을 바란다. 하지만 그들은 힘이 없다. 생각을 말할 수 있는 자유조차 없다. 어쩌면 남과 북이 하나가 되는 일은 없을지도 모르겠다.

"6.25 전쟁이 발발한 지도 벌써 반세기가 지났어. 전쟁을 기억하는 사람들도 하나둘씩 사라져 간다는 뜻이야. 하지만 새로운 사람들이 생겨나고 있단다. 그들이 바로 건이와 같은 새터민들이야. 새터민들은 누구보다 통일을 바라고 있어. 북에 두고 온 가족들과 친구가 그립기 때문이야. 그들의 고향이 바로 북한이니까."

나는 흐르는 눈물을 멈출 수가 없었다. 가슴이 너무 아팠고, 북에 두고 온 송이가 너무 그리웠다. 눈물을 참기 위해 이를 악물었지만, 눈물은 멈추지 않았다. 눈물 콧물이 쉬지 않고 흘러 내렸다. 목 놓아 울고 싶었다. 그때 뒤에 앉아 있던 규철이가 내 어깨를 툭툭 건드렸다.

"뒤에서 손수건을 전해 주래. 이걸로 눈물 닦아. 그리고, 그동안 미안했다."

"새터민들이 우리의 이웃이라는 건 무척 반가운 일이야. 남과 북이 하나가 돼야 하는 이유가 생겼다는 뜻이니까. 그들은 누구보다 간절히 통일을 바라고 있어. 통일은 국민이 바라고 있을 때 비로소 가능한 일이거든."

"하지만 북한에서 남한으로 미사일을 쏘잖아요. 그건 친구가 되고 싶지 않다는 뜻 아닌가요?"

경석이가 손을 번쩍 들고 질문했다.

"그렇지 않아. 조선노동당원들을 제외하고는 모두 한국을 싫어하지 않아. 오히려 굉장히 좋아해. 그러니까 목숨을 걸고 한국으로 오는 거야."

너무 울어서 목소리가 잘 나오지 않았다. 하지만 북한 사람으로서 이 말을 꼭 하고 싶었다.

우리는 절대 한국을 미워하지 않는다고, 오히려 한국을 좋아한다고 말이다.

"통일은 우리 힘으로 가능한 게 아니란다. 대신 우리는 새터민을 따뜻하게 감싸 안아 줄 수 있어. 건이처럼 북한을 탈출한 친구들을 사랑할 때, 너희 스스로 통일을 이루는 주인공이 되는 것이란다. 건이의 고향은 북한이지만 건이의 조국은 대한민국이니까. 친구를 사랑하는 너희의 따뜻한 마음이 모이고 모였을 때 통일이 된다고 생각해 보렴. 정말 멋진 일 아니니."

감옥에 갇히는 것을 알면서도 우리를 구해 준 신부님, 어머니를 위해 신원 보증을 서 준 의사 선생님, 내 손을 잡아준 성민이, 그리고 새터민을 대한민국 국민이라고 말씀해 주시는 선생님…….

'두만강을 건너길 잘했어. 아빠 말씀처럼 한국은 희망의 나라야.'

이 교실을 나가면, 수많은 사람들이 나를 한건이 아닌 탈북자로 볼 것이다. 심지어 빨갱이라고 무시하는 사람들도 있을 것이다. 하지만 나는 기죽지 않을 것이다. 누가 뭐라 해도 나는 대한민국 국민이기 때문이다.

"자, 이제부터 새터민 친구를 만나면 어떻게 해야겠니?"

선생님이 아이들을 향해 질문했다.

"친구가 되는데 고향은 전혀 문제가 안 된다는 것을 배웠어요. 좋은 친구가 될 수 있도록 노력할 거예요."

"한국에 대해 궁금한 것이 있다면 무엇이든 친절하게 가르쳐 줄게요."

"저도 탈북 중에 오랜 동안 중국에 머무른다면 중국 말을 배우고 싶어요."

"저는 북한에 대해 배우고 싶어요."

아이들이 두서없이 쏟아내는 대답들이 나에게 커다란 용기를 주었다.

"너희가 10년, 20년 뒤에도 지금처럼 말하고 실천한다면 우리나라는 훨씬 살기 좋은 나라가 돼 있을 거야. 또 꿈에 그리던 통일도 가능하리라 믿어. 독일의 베를린 장벽을 무너뜨린 사람은 통일을 간절히 염원했던 독일 사람들이었으니까."

친구들이 나처럼 통일을 원한다면 진짜로 송이를 만날 수 있을 것이다. 그날이 하루빨리 오길 손꼽아 기다린다.

9장
아빠가 준 위대한 선물, 대한민국

　초등학교를 졸업하면 검정고시를 준비할 계획이었다. 하지만 요즘 들어 생각이 바뀌기 시작했다. 친구들과 어울려 노는 학교가 조금씩 즐거워진 것이다. 어머니는 음식점에서 정직원으로 채용되었다. 그리고 어머니 때문에 가게에 온다는 단골손님도 생겼다. 고향이 함경북도인 할머니는 어머니의 단골손님이 되어 주었다. 딸을 북한에 두고 월남한 할머니는 어머니를 딸처럼 아껴 주신다. 나에게도 자상한 할머니가 생긴 것이다. 이처럼 나와 어머니는 조금씩 한국에 적응하고 있었다.
　하지만 아버지는 달랐다. 허벅지를 지나 엉덩이까지 썩어 들

어가기 시작했던 것이다. 수술만 하면 좋아질 줄 알았는데, 상태는 점점 더 안 좋아지고 있었다.

"병원비며 수술비며, 내가 당신을 너무 힘들게 하는군."

아버지는 요즘 눈만 뜨면 돈 걱정뿐이다. 돈이 아까워서 아파도 아프다는 말 한 번 제대로 못해 본 아버지를 보면 탈북한 것이 후회스럽다. 다리만 다치지 않았어도 저렇게 쇠약해지지 않았을 텐데.

 쇠약해진 몸이 수술을 견디지 못한 탓일까? 이제는 말하는 것도 힘겨워 하셨다. 눈만 겨우겨우 깜박거릴 뿐이다. 하지만 표정은 한결 편안해졌다. 어쩌면 모든 걸 내려놓았는지도 모르겠다.

 "한국은 참 좋은 나라 같아."

 아버지는 누워서 이 말을 자주 되풀이하신다. 정말로 한국이 좋은 것인지, 한국에 괜히 왔다고 푸념을 하는 것인지 잘 모르겠다. 그러고는 줄곧 잠만 주무신다. 죽은 듯이 꼼짝도 하지 않고 주무실 때면 가슴이 철렁 내려앉는 것 같다. 아버지의 코에 뺨을 가져가 본 뒤에야 안심하고 마음을 놓을 수 있다. 세 사람 중에 한 사람만 없어도 우리는 행복할 수 없기 때문이다.

 나는 새벽까지 자지 않고 어머니를 기다린다. 그리고 어머니와 함께 아버지의 몸을 정성스럽게 닦아 드린다. 깨끗해진 아버지는 자리에 누워서 빙그레 웃으신다. 그런 뒤에 우리 셋은 나란히 누워 서로의 손을 꼭 잡는다.

 "건이 아빠, 절대로 우리 손 놓지 말아요. 지금보다 훨씬 힘든 순간도 잘 견뎠잖아요. 수술이 잘됐으니까 좋은 생각만 하면 금방 좋아질 거예요."

"내가 돈을 벌어야 할 텐데 큰일이야."

"아빠, 걱정하지 마세요. 중학교만 졸업하면 저도 일해서 돈을 벌 거예요. 그때까지 조금만 참아 주세요."

새터민은 대부분 가난하다. 한국 사회에 적응하지 못하는 점도 있지만, 기술도 배움도 부족하기 때문이다. 그래서 주로 몸을 사용하는 일을 한다. 막노동, 청소, 설거지 등을 하는 것이다. 아버지처럼 몸이 불편하거나 아픈 사람은 그마저도 할 수 없다. 아버지는 그 사실을 받아들이지 못했다. 누구보다 가족을 사랑해서였다. 책임감이 강했던 아버지에게 돈을 벌지 못한다는 현실은 아마도 끔찍한 고통이었을 것이다.

"그런 소리를 하면 못써. 중학교를 졸업하면 고등학교에 가야지. 그리고 대학에도 들어가렴. 아빠는 건이 네가 똑똑하고 멋진 청년이 되길 바란단다. 그 꿈을 이루기 위해 한국에 온 거잖니."

"당신은 후회하지 않아요? 탈북만 하지 않았어도 달리는 차에서 뛰어내리는 일은 없었을 것 아니에요. 다리도 다치지 않았을 테고, 이렇게 아프지도 않았을 텐데……."

어머니는 설움이 복받쳐 더 이상 말을 잇지 못했다. 새터민 가족이 한국에 와서 겪는 가장 큰 고통 중의 하나가 가정이 무너지는 것이다. 행복할 줄만 알았던 한국 생활이 의외로 힘들고 고독하다는 것을 알게 되면, 가족들 간에 미움이 싹튼다. 여전히 가난한 삶 앞에서 서로를 원망하고 미워하게 되는 것이다.

다행히 우리는 힘들면 힘들수록 서로에 대한 사랑이 더욱 깊어졌다. 어머니는 아버지를 대신해 아파해 줄 수 없는 걸 가장 안타까워한다. 나 역시 마찬가지다. 할 수만 있다면 내 다리와 아버지의 다리를 바꾸고 싶은 심정이다.

아버지는 어머니와 나를, 어머니는 아버지와 나를. 그리고 나는 어머니와 아버지를 세상에서 제일 사랑한다.

"당신은 후회해?"

"솔직히 말하면 반반이에요. 당신이 아프니까요."

"건이는 어떠니?"

"제 생각도 엄마와 똑같아요. 자유롭게 생각하고 말할 수 있다는 것은 좋아요. 하지만 그동안 아빠가 너무 힘들었잖아요. 다리뼈가 부러지고 뒤틀렸잖아요. 상처에서 피고름이 흘러도 치료조차 못 받았잖아요. 얼마나 아팠을까. 아빠는 괜찮다고 말씀하시지만 밤마다 식은땀을 흘리고 괴로워했잖아요."

"잠이 들면 공안들에게 쫓기는 꿈을 꿔. 그러다 깨어나면 이곳이 중국이 아니라 한국이라는 사실을 알게 되지. 얼마나 감사한 줄 모른단다."

아버지는 가쁜 숨을 급히 몰아쉬며 천천히 그리고 나지막이 말했다.

"그러니 조금도 후회할 리 없지. 비록 다리가 잘렸고, 번번이 회사에서 쫓겨났지만 말이야. 이렇게 병까지 들었지만 그래도 한국에 오길 잘했다고 생각해. 앞으로 건이가 살아갈 세상은 북한이 아니라 한국이니까. 지금은 우리가 이방인이지만 건이가 어른이 될 때쯤에는 우리를 바라보는 시선이 많이 달라져 있을 거야. 그날이 오면 건이도 어엿한 대한민국 국민이 되어 있을 거라고 믿어. 이처럼 멋진 꿈을 꿀 수 있다는 것만으로도 세상은 살 만한 곳 아니겠어. 그러니 탈북을 후회할 리 없지."

아버지는 오직 나의 미래를 위해 탈북을 결심한 것이다. 오직 나를 위해.

"당신처럼 나도 중국에 있을 때는 매일같이 악몽을 꿨어요. 꿈속에서 총에 맞아 죽기도 했고, 공안에게 잡혀서 모진 고문을 당하기도 했어요. 하지만 언젠가부터 악몽을 꾸는 횟수가 줄었

어요. 한국에서 안정을 찾아가고 있다는 증거죠. 당신 말처럼 한국에 오길 잘했다는 생각을 해요. 당신만 건강해진다면 말이에요."

"아빠, 북한에 있을 때 제가 보라색 나비를 봤다고 했던 것 기억하세요?"

아버지는 작은 몸짓으로 고개를 끄덕거렸다.

"그런데 그 나비를 학교에서 본 것 같아요. 제 머리 위를 훨훨 날아다니다 창문 밖으로 날아갔거든요. 나비를 아빠에게 보여 주고 싶은데. 그러면 아빠 병이 싹 나을 것 같아요."

"아빠가 했던 말 기억하니, 건아? 네 가슴에는 아직 펼쳐지지 않은 멋진 날개가 있단다. 네가 착하고 바른 아이로 자란다면 분명 그 날개가 세상 밖으로 나올 수 있을 거야. 그때는 이 세상을 훨훨 날아다니렴."

"네, 제 안에서 날개가 나오면 엄마랑 아빠 손을 꼭 잡고 푸른 하늘을 마음껏 날아오를게요."

어느 날부터인가 아버지가 우리 곁을 떠날지도 모른다는 불길한 예감이 들었다. 그래서 어머니와 나는 아버지가 반드시 우리 곁에 머물러야 하는 이유를 말하고 또 말한다. 그 말이 아버지의 생명을 단단히 붙들어 줄 것만 같았기 때문이다.

열린 창문 사이로 바람이 세차게 불어왔다. 한 겨울도 아닌데, 몹시 세찬 바람이었다. 그 탓에 송이가 준 나비 상자가 바닥으로 떨어졌다. 한쪽 날개를 잃고 잿빛으로 변했던 가엾은 나비가 산산조각 나 버렸다. 그 순간 심장이 '쿵' 하고 밑으로 떨어지는 것 같았다.

'송이에게 무슨 일이 생긴 걸까.'

갑자기 송이가 걱정되었다. 내가 없으면 산책도 할 수 없는 송이. 어쩌면 우리가 떠나고 송이와 송이 아버지가 더 큰 곤란을 겪었을지도 모른다. 반동분자와 친하게 지냈으니 말이다.

나는 신부님이 선물해 준 십자가 앞에 무릎을 꿇고 앉았다. 그리고 두 손을 모아 기도했다. 아버지가 빨리 건강해지기를, 송이가 더 이상 굶지 않기를.

"건아, 아빠한테 물 한잔만 줄래."

아버지는 바람 소리에 잠이 깬 모양이었다. 마침 따뜻한 보리차가 있어서 다행이었다. 나는 아버지를 비스듬히 세운 뒤 수저로 보리차를 떠 주었다. 몸이 아픈 뒤로 아버지는 아기가 되어 버렸다. 지금껏 아버지가 나를 보살폈다면 이제부터는 내가 아버지를 보살피고 지켜 줄 것이다.

"아빠도 보라색 나비를 봤단다."

아버지의 얼굴이 그 어느 때보다 평온해 보였다. 마치 병이 다 나은 사람 같았다.

"어디서요?"

"꿈속에서 말이야. 네 말대로 정말 멋지고 아름다웠어. 아빠는 나비를 따라서 이곳저곳을 뛰어다녔단다. 나비를 따라 도착한 곳에는 푸른 잔디가 펼쳐져 있고, 향기로운 꽃이 만발해 있었어. 그리고 그 가운데에 너와 엄마가 있었단다. 나비가 내게 선물해 준 행복은 바로 너와 엄마였던 거야. 이렇게 좋은 꿈을 꿀 수 있다니, 행복하구나."

아버지는 진심으로 행복해 하는 것 같았다. 그 모습이 마치 하늘에서 내려온 천사처럼 눈부셨다.

"아빠 아들로 태어난 걸 세상에서 제일 감사해요."

"북한에서 태어나게 했는데도 말이니?"

"함께 도망쳤잖아요. 아빠가 지켜 줄 걸 알았기 때문에 조금도 무섭지 않았어요."

흐르는 눈물을 애써 참으며 태연하게 말했다.

"사랑하는 내 아들에게 대한민국 땅을 물려 줄 수 있어서 아빠는 정말 행복하단다."

아버지는 그 뒤로 더 이상 말씀을 하지 않으셨다. 영원히…….

하느님이 내게 소원 한 가지를 들어 주신다면 시간을 거꾸로 되돌리고 싶다. 그래서 옛날로 돌아갈 수만 있다면

절대로 탈북 따위는 하지 않을 것이다. 탈북만 하지 않았다면 아버지가 지금 내 옆에 계실 테니 말이다. 어머니는 내 앞에서 담담한 척하신다. 하지만 밤마다 이불을 뒤집어쓰고 목 놓아 우신다.

"포기하면 안 돼. 우리가 포기하면 아빠가 하늘나라에서 슬퍼하실 거야. 아빠를 정말 사랑한다면 아빠의 못다한 꿈을 이뤄 드리자."

어머니는 점점 더 강해지고 있다. 처음에는 아버지를 지키기 위해서였고 이제는 나를 책임지기 위해서이다. 그런 어머니를

볼 때면 나도 강해져야 한다는 생각이 든다. 그런데도 자꾸만 눈물이 흐른다. 후회만 앞선다.

아버지가 돌아가시고 성민이와 성민이 어머니가 우리 집을 찾아왔다. 성민이 어머니는 우리 어머니 앞에서 두 무릎을 꿇었다.
"성민이를 통해서 이야기 들었습니다. 죄송해요. 제가 이기적이고 어리석었어요."
소란을 피워서 아버지를 쫓겨나게 만들었던 일을 두고두고 후회하는 눈치였다. 성민이에게 우리 집 이야기를 들었기 때문일 것이다.
"성민이가 아니었다면 저희 집 사정에 대해 모르셨겠죠? 그렇게 기억 속에서 지워져 버렸을 거예요. 대체적으로 그럴 거예요. 저희가 겪는 상처 따위에는 별로 관심이 없을 테니까요."
어머니의 목소리는 의외로 담담했다. 원망하는 눈빛도 보이지 않았다.
"처음에는 굉장히 야속했습니다. 건이 아빠가 회사에서 쫓겨난 뒤로 술이 부쩍 늘었거든요. 그 일만 없었더라면 조금 더 오래 우리 곁에 머물렀을지도 모르죠. 그러니 왜 성민이 어머니가 밉지 않았겠어요."

"뭐라고 드릴 말씀이 없습니다."

어머니는 긴 한숨을 내쉬었다. 그러고는 성민이 어머니의 손을 잡으셨다.

"가끔 그런 생각을 해요. 한국에서는 누구도 우리를 원하지 않았잖아요. 우리 마음대로 불쑥 찾아와 놓고 잘해 주지 않는다고 화를 내도 괜찮은 걸까? 어쩌면 우리가 더 이기적이었던 것은 아닐까?"

"그런 말씀 마세요. 그렇지 않아요. 제가 교만하고 어리석었어요. 제가 한 가족의 꿈과 희망, 그리고 행복을 빼앗았다는 생각 때문에 견딜 수가 없어요. 시간을 되돌릴 수만 있다면 절대로, 절대로 그렇게 행동하지 않을 거예요."

"탈북을 결심했을 때 우리는 이미 한 번 죽은 사람들입니다. 죽음을 각오했으니까요. 잠시 잠깐이지만 꿈에 그리던 한국에서 온 가족이 오붓하게 살 수 있었어요. 건이 아빠는 그것만으로도 충분히 행복했을 거예요. 단 하루를 살아도 사람답게 살고 싶어 했으니까요. 성민이 어머니가 우리를 이웃으로 받아 주신 걸 알면 무척 기뻐할 거예요. 우리의 선택이 옳았다는 뜻이니까요."

어머니의 눈가에 눈물이 글썽글썽 맺혔다. 하지만 나와 어머니의 마음은 조금씩 따뜻해지고 있었다. 색안경을 쓰고 우리를 바라보던 사람들이 하나둘씩 변하고 있기 때문이다. 그 말은 우리가 조금씩 대한민국 국민이 되어 간다는 뜻이다. 아버지의 말씀처럼 오랫동안 한민족으로 살아와서 가능한 일인지도 모른다. 천천히, 그리고 조금씩 나는 내 대한민국이 좋아지고 있다. 아버지는 비록 우리 곁을 떠났지만 아버지의 꿈이 내 가슴에 남아 있는 한, 나는 행복을 찾아 앞으로 나아갈 수 있을 것만 같았다.

아마도 지금쯤 아버지는 아름다운 나비가 되어 남과 북의 하늘을 훨훨 날아다니고 있을 것이다. 휴전선이 없는 곳, 총소리가 들리지 않는 곳, 편견이 없는 곳에서 자유롭게 훨훨.

10장
나비의 꿈

　한국에 온 지도 어느덧 3년이 흘렀다. 이제 나는 중학생이 되었다. 여전히 나는 북한 사투리를 고치지 못했다. 짓궂은 까까머리 소년들이 내 말투를 따라하며 놀린다. 달라진 점이 있다면 더 이상 상처받지 않는다는 사실이다. 나고 자란 곳이 북한이니, 북한 말을 쓰는 건 당연한 것이다.

　성민이는 나와 다른 중학교에 입학했다. 학교는 달라도 우리의 우정은 변치 않을 것이다. 꼴등을 도맡아 했던 나도 조금씩 성적이 오르고 있다. 가끔은 공부가 재미있기도 하다.

　어머니는 여전히 이른 새벽부터 늦은 밤까지 허드렛일을 하신

다. 몸은 고되지만 진심으로 행복해 하신다. 통장에 조금씩 돈도 쌓이고 임대 아파트 보증금도 많이 갚아 나가고 있다. 머지않아 진짜 우리 집이 될 것이다. 그뿐만이 아니다. 나에게는 여섯 살 난 귀여운 여동생이 생겼다.

"송이야, 오빠가 학교 끝나면 데리러 올게."

송이는 나와 같은 새터민이다. 압록강과 중국을 거쳐 우리에게로 왔다. 송이의 부모님은 압록강을 건너던 중 북한군이 쏜 총알에 맞았다. 살아남은 사람들은 송이 부모님이 그 자리에서 죽었을 거라고 짐작한다. 송이가 어떻게 압록강을 건너 중국에 다다랐는지는 아무도 모른다. 지금도 중국에서 탈북자를 돕고 있는 신부님께서 강물에 휩쓸려 온 송이를 발견한 것이다. 송이는 일주일 동안 깊은 잠에서 깨어나지 못했다. 눈을 뜬 뒤에는 그동안의 모든 기억을 잊어 버렸다.

"아이가 기억하기에는 너무 끔찍한 기억이었을 테지. 제 눈앞에서 엄마 아빠가 총에 맞았으니까. 송이의 옷을 흠뻑 적신 붉은 피가 그날의 처참한 상황을 짐작하게 한단다."

신부님의 도움으로 한국에 온 송이는 몇 개월 동안 '사랑의 학교'에서 살았다. 벙어리처럼 한마디도 하지 않던 송이가 처음으로 말문을 턴 사람은 우리 어머니였다. 어머니의 치맛자락을 붙잡고 '엄마'라고 말했던 것이다.

"이제부터 네 이름은 한송이란다."

그렇게 우리는 한 가족이 되었다. 송이는 여전히 말을 잘 하지 않는다. 거의 웃지도 않는다. 하지만 나와 어머니의 옷자락을 절대 놓지 않으려고 한다.

"송이는 아빠가 우리에게 보내 준 가족이야. 더 아끼고 사랑해 주자."

엄마는 송이가 온 뒤로 더 오랫동안 일을 하신다. 두 아이를 지켜야 하니 가장으로서 어깨가 무거워진 것이다. 그래도 우리는 행복의 의미를 하나둘씩 알아 가고 있다.

오늘은 한 달에 두 번 있는 어머니의 휴일이다. 늦잠을 주무시고 싶을 텐데, 어머니는 이른 아침부터 일어나 김밥을 싸신다. 온 가족이 공원으로 꽃구경을 가기로 했기 때문이다.

송이는 태어나서 처음 먹어 보는 김밥이 마냥 맛있는 모양이다. 어머니의 옆에 앉아서 제비새끼처럼 김밥을 집어 먹는다.

우리는 나란히 손을 잡고, 콧노래를 불렀다. 따뜻한 햇볕, 푸른

들판, 향기로운 꽃.

주위에 펼쳐진 모든 것들이 우리를 행복하게 만들어 준다.

"건아, 송이랑 개나리 앞에 서 봐. 엄마가 사진 찍어 줄게."

"그러지 말고 엄마, 우리 같이 찍어요."

나는 지나가는 형한테 사진을 찍어 달라고 부탁했다. 형은 북한 사투리가 신기했는지 나를 한 번 흘깃 쳐다보았다.

"북한에서 왔어요. 저희 가족은 새터민이거든요."

내가 먼저 형의 궁금증을 해결해 주었다.

"그런 거 일일이 설명하지 않아도 돼. 그냥 말투가 특이해서 한 번 본 거야."

그러자 형도 대수롭지 않다는 듯 웃어 보였다.

"왠지 너는 멋진 어른이 될 것 같구나."

사진기를 건네 주던 형이 내 어깨를 가볍게 토닥거렸다.

우리는 푸른 잔디 위에 돗자리를 깔고 앉았다. 표정이 없던 송이도 이제는 그 나이 또래의 아이들처럼 웃기 시작했다.

"오빠, 저거 뭐야?"

송이가 손가락으로 하늘을 가리켰다. 나는 송이의 손가락을

따라 눈길을 돌렸다. 그리고 그곳에서 보라색 나
비를 보았다.

"엄마, 바로 저 나비예요!"

나는 흥분을 감추지 못했다.

"세상에, 저렇게 아름답고 멋진 나비가 있다니!"

"나비야, 나비야."

송이가 팔랑팔랑 날아가는 나비를 쫓아 뛰었다.

"송이야, 같이 가."

나도 송이를 따라 뛰었다. 나비의 날개에 햇빛이 비추자 보석처럼 반짝거렸다.

'아빠, 제게 한국을 선물해 주셔서 감사해요. 이제부터 제가 엄마와 송이를 지켜 줄게요. 그러니까 하늘나라에서 편히 쉬고 계세요. 언젠가 다시 만날 때는 지금보다 훨씬 멋진 남자가 되어

있을게요. 사랑해요, 아빠. 감사해요, 아빠.'

나비가 가던 길을 멈추고 우리에게로 되돌아왔다. 그리고 송이의 어깨에 살포시 내려앉았다.

"송이야, 우리 이제부터 나비가 되어 보자. 푸른 하늘을 훨훨 날아오르는 아름답고 멋진 나비가 되는 거야. 이곳 대한민국에서."